U0111724

大展好書　好書大展
品嘗好書　冠群可期

大展好書　好書大展
品嘗好書　冠群可期

少林功夫 ⑫

少林拳技擊入門

劉世君　編著

大展出版社有限公司

作者近照

作者歷年從事武術活動榮獲的證書

與老師吳文翰先生（左）合影

與張奇老師（中）、白雲峰老師（右）的合影

著名武術家張奇老師的題詞

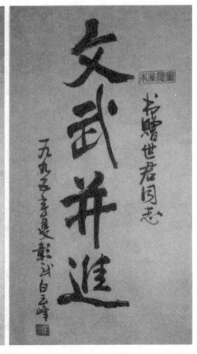

著名武術家白雲峰老師的題詞

在河南大學向郭蘭森老師求教
（1990）

演練少林金剛拳

演練少林四門斗拳

演練少林追魂拳

少林追魂劍

少林月牙鏟

少林風魔棍

鐵臂斷木樁

前　言

>>>>>>>>>>>>>>>>>>>>>>>>>>>>>>>>

　　在滿目珠璣，霞輝飛揚的東方文化藝術寶庫中，中華武術猶如一顆璀璨明珠，光芒四射，照耀寰宇。「天下功夫出少林」，以嵩山少林寺而顯名於世的少林派武術，是中華武術的優秀流派之一，它蘊含的內容十分豐富，融合了道、儒、佛諸家思想之精髓及生理、解剖等現代學問，是一門獨具特色、古樸深奧的綜合學科。少林武術「始於北魏，興盛於隋、唐、宋時期」，是我國勞動人民智慧的結晶。

　　少林武術樸實無華，剛勁有力，結構嚴謹，動作鮮明，力主實戰；手法滾出滾入，曲而不曲，直而不直；步法靈活穩健，虛實相兼，變化多端，身法疾速而敏捷，起橫落順，並有拳打一條線、拳打臥牛之地等特點。

　　少林拳內修外練，體用相兼，陰陽相濟，顧打合一，攻如狂風捲雲、兇猛無比，守則「一羽不能加，蠅蟲不能落」，攻守簡而效宏，動作技法少而精練，要求在實戰中求變通，在變通中求規律。「法無定

契，理有恆存」，交手無一定之成規，然其共同的規律卻是永存的，技擊時不可拘泥於死法模擬，要「法無定法，力爭自由無羈」，這樣才能達到戰無不勝之境界。

作　者

目　錄

>>>

10

第一章
少林武術基本功

▶▶▶▶▶▶▶▶▶▶▶▶▶▶▶▶▶▶▶▶▶▶▶▶▶▶▶▶▶▶

第一節　手型

少林拳的基本手型有拳、掌、指、爪和鉤五種。

1. 拳

四指併攏，然後向拳心屈卷緊握，大拇指扣壓於食指和中指的第二指節上。按拳的部位分拳眼、拳背、拳心、拳輪。按拳的變動，又分俯拳（拳心向下）、仰拳（拳心向上）、立拳（拳眼向上）。

【要求】

「拳者，握而不伸也，適其指，聚其氣」。拳要握實，拳面要平，腕須挺直。要擊之不散，分之不開。

【主要用途】

拳的實用性最廣泛，既可劈、撩、沖、鑽敵人，亦可崩、挑、掛擊敵人。

2.掌

四指併攏伸直，大拇指一、二指節屈曲並緊貼於虎口部位，此乃「柳葉掌」（又名「班禪掌」）。實戰中還有一種常用掌型叫「八字掌」，四指併攏伸直，大拇指外挺伸直，虎口撐圓朝前方；拇指分開伸直，其餘四指略微開展，似鉤非鉤狀，此乃「爪掌」。按掌擊的動作變化可分俯掌（掌心向下）、仰掌（掌心朝上）和立掌（手指朝上，掌心向外）。

【要求】

掌背與腕平直；擊掌時，以意行氣，以氣催力，力透三關（肩、肘、腕），勁貫掌心。

【主要用途】

砍、推、撩、卡、鎖敵之要害部位。

3.指

無名指、中指、小指屈曲卷握，大拇指壓握在無名指第一關節，獨伸食指為「金剛指」；食、中指齊伸為「金剪指」；食、中、無名指齊伸為「三陰指」；四指併伸為「金鏟指」；五指併伸乃為「掌」。

【要求】

指要直，勁要猛，氣達指梢。

【主要用途】

插、點、按敵之雙眼、咽喉等薄弱部位。

4.爪

五指伸直分開，然後食指、中指、無名指、小指一、二指節屈曲內扣，大拇指也微屈內扣，虎口撐圓。

【要求】

五指用力，爪心含空，以意催力，力達爪尖。

【主要用途】

以指尖或掌根部位攻擊敵人，有抓、撲、勾、掛等用法。

5.鉤

五指略屈併攏，大拇指指肚與其他四指指肚捏在一起。分正鉤（鉤尖朝下）和反鉤（鉤尖朝上）。

【要求】

屈腕捏合，鉤指要緊，力在鉤尖。

【主要用途】

以摟、勾、啄、挑等手法擊敵。

第二節　步型

步型是少林武術的基石。由步型練習，不僅可以增進腿部的肌肉力量及出腿的爆發力和速度，而且可以提高重心的穩固性和步伐的靈活性，在散打中也有攻守進退敏捷、圓活之作用。下面介紹幾種常用之步型。

圖 1-1   圖 1-2

1. 馬步

兩腳左右開立（距離約為三腳長），兩腳掌平行著地，腳尖朝前，屈膝下蹲，膝蓋不超過腳尖，大腿接近水平；身體重心落於兩腿之間，兩腳跟外展，身體正直，頭微上頂。目視前方（圖 1-1）。

【要求】

開胯圓襠，膝展腿平，挺胸塌腰。

2. 弓步

兩腳前後開立（前腳跟與後腳尖距離約三腳長），前腿屈膝半蹲接近水平，腳尖朝前並微內扣，膝與腳尖垂直，腳掌著地；同時，後腿挺膝蹬直，腳尖外撇 45°，兩腳掌全著地，身體正直向前（圖 1-2）。

【要點】

前腿弓平，後腿蹬直，挺胸抬頭，五趾抓地。

圖 1-3

圖 1-4

3. 仆步

一腿屈曲下蹲，大小腿靠緊，臀部接近小腿，腳尖外撇45°，膝外展；另一腿伸直側伸，腳尖裡扣；身體中正略前傾。雙目向仆腿方向注視（圖 1-3）。右腿伸直稱「右仆步」，反之為「左仆步」。

【要點】

全腳掌著地，不掀後腳跟。挺胸、直背、塌腰。重心要牢，不可左右傾斜。

4. 虛步

兩腳前後開立，後腳全腳著地，腳尖外展 45°，大腿屈曲半蹲，接近水平；前腿微屈，前腳尖內側點地，腳跟提起，膝內扣。重心主要在後腿，身體要挺胸塌腰（圖 1-4）。

圖 1-5　　　　　　　　　　圖 1-6

5. 歇步

身體正直，雙腿交叉下蹲，前腳尖外撇 45°，全腳掌著地，後腳腳跟提起，前腳掌著地，臀部下坐於小腿上（圖1-5）。

【要點】

挺胸塌腰，臀部內斂。重心要安穩。

6. 丁步

兩腿併攏相靠，屈膝下蹲，一腳全腳掌著地支撐體重，另一腳跟提起，腳尖點地，腳面繃平，貼靠於支撐腳足弓處，重心下降，腿屈曲下蹲，接近於水平，身體正直朝前（圖1-6）。

【要點】

頭正體直，身略內斂。挺胸塌腰，沉肩墜肘。支撐之大腿要蹲平，兩腳一定要安穩。

第三節　肩功

　　肩功練習目的主要是擴大肩關節活動範圍，提高肩的柔韌性和靈活性，為武術訓練奠定牢固的基礎。肩功練習內容有交叉繞肩、前後繞肩、壓肩、振肩等。

1. 交叉繞肩

　　雙腳分立，身體正直向前；雙手自然下垂於體側，以肩關節為軸左臂向前、向下、向後，右臂向後、向上、向前同時於體側畫立圓環繞，成交叉狀圓形運動（圖1-7）。

【易犯錯誤】

　　肩部僵硬，繞肩不能圓形運動，初練時往往雙手相碰，力不順達。

【練習方法】

　　動作應由慢至快，循序漸進地練習。注意肩部放鬆，腰要自然活動。每次做3組×10次。

【要點】

　　繞肩時，兩臂要直，肩放鬆，周身自然協調，勁力順達，交叉時手不可相碰，逐漸加速，呼吸自然。

2. 前後繞肩

　　兩腳左右開立，身體正直；

圖1-7

圖 1-8　　　　　　　　　　圖 1-9

雙手下垂於體側，手指自然放鬆，以肩關節為軸進行前後繞圓運動（圖 1-8）。

【易犯錯誤】

肩僵體硬，重心不穩，力不順達，身體前俯後仰。

【練習方法】

繞肩時，臂要伸直，由慢至快，每繞一周為一次。注意呼吸配合。

【要點】

繞圓時兩臂及肩要自然放鬆，周身協調一致，用力要均勻。五趾抓地要牢。

3. 壓肩

面對物體站立，雙足開立，上體前俯；雙手扶握物體；然後腰下塌，以肩關節為軸，上下振壓肩部（圖 1-9）。

【易犯錯誤】

肩部緊張，腰不能放鬆。

【練習方法】

眼視物體，肩鬆腰塌，力點壓在肩部，逐漸用力。練習次數 3 組×10 次。

【要點】

臂、腿伸直，壓點在肩部。力量要均勻，不可過猛、過快。

圖 1-10

4. 振肩

兩腳左右開立，身體朝前；兩臂一上一下，雙手握拳，屈曲振肩（圖 1-10）。

【易犯錯誤】

動作僵硬，肩關節不能展開，幅度過小。

【練習方法】

肩關節放鬆，逐漸用力。動作幅度要適中，每次 3 組×10 次，左右反覆練習，注意配合呼吸。

【要點】

臂要屈，肩要鬆，抬關節前身體勿動。逐漸用力。

第四節　臂功

臂功訓練是獲得習武應有力量的最佳途徑之一。無論是套路的演練，還是實戰散打，手臂無力必會感到招招無勁、式式輕浮，力不從心。臂功的訓練，能使習者氣力猛增、渾

圖 1–11

身勁整，而且出手時力順勁達，威力無比，是一項不可缺少的功力訓練內容。

1. 鐵牛耕地（俯臥撐）

兩手左右分開，與肩同寬，手掌支撐於地上，手指朝前，兩臂伸直；兩腿併攏，腳尖支撐於地上，身體成直線；接著，臀部凸起後移，兩臂屈曲、上體向前、向下後向上拱起，直至雙臂伸直成預備勢動作。此動反覆進行（圖 1–11）。

【易犯錯誤】

身體不協調；兩臂向下屈曲幅度過小，重心不穩，左右搖晃。

【練習方法】

動作起伏由緩慢開始，隨著功力的加深而逐漸加快速度。每次做 2 組×20 次。注意練後一定要對臂部進行放鬆按摩，以免日久臂僵成病。

圖 1-12

【要點】

屈臂拱起時，身體要貼近地面而行。自然呼吸。身體不可緊張，動作要標準。

2. 豹子臥洞（獨臂功）

一手支撐在地，五指自然分開，掌指朝向外側方，臂伸直，另一手成掌側立於異側胸前；兩腳前後交叉並伸直支撐在地面上，身體側臥成直線；然後支撐在地的手臂屈肘，使身體下降貼近地面，接著直臂還原（圖 1-12）。

【易犯錯誤】

身體前仆，重心不穩；肘臂不能全部屈曲，身體變形。

【練習方法】

動作逐漸加快，次數亦應逐漸增加，每次做 2 組×10 次為佳。雙臂輪換做。

【要點】

支撐手要用力，兩腿必須伸直，初練時臀部可後凸，以利動作起伏。呼吸自然。

3.黑虎探水（推撐功）

兩手扶撐木凳之邊緣，使雙腳貼靠於牆上做手倒立，面朝地面；接著兩臂推起。反覆練習（圖 1-13）。

【易犯錯誤】

身體不能貼近凳沿，重心不牢。雙腳左右分叉，推臂不直。

【練習方法】

屈臂要緩慢，推起要快；身體鬆緊適宜，練習量逐漸加大，一般每次 3 組×10 次。初習可讓助手在旁邊幫助保護。

【要點】

身體正直，雙手抓握要牢，雙臂用力，勁力順達。心裡不要有懼怕之感，但千萬注意凳子要固定好，注意安全。初習時可不用器具，可以直接在地上練習。血壓高者勿練此功。

4.大鼎功（手倒立）

面對牆壁直立（約一步遠），然後雙手撐地，與肩同寬；腿迅速上擺，靠貼於牆上成倒立式；身體直立，直臂塌腰，挺胸抬頭。目視地面，呼吸自然（圖 1-14）。

【易犯錯誤】

手臂不直，重心傾斜。

【練習方法】

倒立時不要著急，應多加體會倒立的靠牆動作。初練可讓助手幫助倒立，然後再自己練習。每次 3 組×30 秒為宜。

圖 1–13

圖 1–14

【要點】

　　雙臂伸直，重心在兩手中間，身體不可傾斜。注意：患有高血壓及頭痛症者勿練。

第五節　腰功

　　腰乃人體之中節，是周身運動之樞紐，是反映身法技巧的關鍵部位。腰功的訓練，不僅可以提高身體的靈敏性和協調性，而且能夠促進腰、腹柔韌性和圓活性，增強爆發力。腰功好與否，直接關係著武術運動的水準與提高，故有「習武不練腰，終生藝難高」之說。

1. 俯腰

　　兩腿併立，雙手五指交叉相握，兩臂伸直上舉，手心朝

圖 1-15

圖 1-16

上（圖 1-15）；上體前屈，雙手掌心在腳尖前貼地，頭向下，目視手（圖 1-16）；然後雙手鬆開向後抄抱小腿，使面部緊貼脛骨（圖 1-17）；也可身體左（右）轉，向體側屈俯。上動完後起身直立，再接做重複動作。

【易犯錯誤】

身體僵硬，膝部彎曲，重心不牢而前傾。

【練習方法】

動作要有節奏，身體前俯要盡最大之幅度；體活身靈，速度均勻；呼吸要自然。初練可做 4 組×5 次。

【要求】

兩臂伸直，兩腿挺直，五趾抓地，重心要穩，不可使身體傾斜側偏。挺胸收髖。

2. 甩腰

兩腳左右開立，手臂上舉，身體放鬆，接著以腰、髖為

圖 1-17　　　　　　　　　　圖 1-18

關節軸，使上體向前、向後屈體甩動，兩臂隨之向後擺振
（圖 1-18）。

【易犯錯誤】

身體僵硬，腰部不活；根基不牢，身體後倒；向後甩腰
動作幅度過小。

【練習方法】

動作由慢至快，身體自然，後甩時腰要富有彈性。待動
作純熟後，甩腰要快速迅猛，身體成半圓環狀。甩動的次數
3 組×10 次。

【要點】

前後甩腰由慢到快，動作緊湊靈活，要有彈性；五趾抓
地，步要安穩；練習時，要做到挺胸抬頭、盡量彎腰凸腹。

3. 涮腰

兩腳左右開立，略比肩寬；兩手自然垂於體側，然後雙

臂上舉，身體下俯，以腰、髖
關節為軸從左向右或從右向左
進行繞環翻轉（圖 1-19）。

圖 1-19

【易犯錯誤】

動作僵硬，繞環幅度太
小；根基不穩，身體重心失去
平衡。

【練習方法】

先進行上體的前、後、
左、右側屈的動作，待身體活
動好後再進行涮腰練習。動作
速度由慢至快，次數逐漸增多，向後繞環幅度亦應逐漸增
大，左右方向輪換進行。練習次數以 3 組×10 次為佳。

【要求】

五趾抓地，保持身體重心。腰部自然放鬆，盡量增大繞
環幅度。呼吸自然。

4. 吊腰

兩腳左右開立，與肩同寬；雙臂伸直上舉，手指朝上；
二目上視雙手；接著向後彎腰屈體，靜止不動（圖 1-
20）。

【易犯錯誤】

重心不穩，腰、腹過於緊張，呼吸不自然。

【練習方法】

後彎腰幅度逐漸增大；時間要由少至多。初練以 4 次×
30 秒為宜。

圖 1-20　　　　　　　　　圖 1-21

【要求】

五趾抓地，重心要平穩，挺胸凸腹，自然呼吸。

5. 下腰

雙腳左右開立，略比肩寬；雙臂向上舉伸，手心朝上，眼視手背；然後腰後屈下彎，手掌撐地成橋形（圖 1-21）

【易犯錯誤】

初習時有懼怕心理，怕摔怕傷；腰不能形成橋形，腹部僵硬。

【練習方法】

初練時，可向後以手扶牆、樹等物體練習。身體盡量向上撐起，使腹挺凸成橋形。每次練習 5 組×30 秒，亦可自己酌定時間。

【要求】

橋弓要大，全腳掌著地，雙臂伸直，腰肌用力上拱，膝

關節盡量挺伸。

第六節　腿功

透過腿功練習，不僅能大幅度地提高腿的柔韌性和靈活性，而且能增強腿部的力量及擊打的速度，穩固下盤，提高步法運動的靈巧和敏捷性。腿功的內容較多，分壓、搬、劈、撕、耗、控、踢等練習方法。

1. 壓腿

分正壓、側壓、反壓（後壓）三種。

（1）正壓　面對與腰同高的物體而立（距離約1公尺遠），一腿直立支撐在地，另一腿提起，放在物體上，腳跟著物，腳尖回勾，膝部挺直，上體正直，鼻尖、肚臍正對腳尖；接著，雙手扳握前腳掌，上體前俯，以頭碰腳尖，略停後再還原。依次反覆，左右腳互練（圖1-22）。

【易犯錯誤】

初學者易出現支撐腿彎曲不直、低頭弓腰之病，上體不正。

【練習方法】

壓腿前先做下肢的各種屈、擺動作，待肌肉及關節活動開後再壓；壓腿要有節奏地進行，並與耗

圖1-22

腿、踢腿等動作交替練習。壓腿壓振時不可過於猛，逐漸加大振幅。練習次數自己掌握。

【要求】

身體正直朝前；挺胸、塌腰、直背、收胯，腳尖回勾。支撐腳五趾抓地要牢，兩腿挺膝伸直。壓腿的高度逐漸增高。

（2）側壓　身體側對與腰同高的物體站立，一腿立直支撐身體，腳尖朝前，另一腿提起放在物體上，腳尖上翹，踝關節緊屈，雙手叉腰，身正開髖，然後上體向體側慢慢地進行反覆振壓（圖1-23）。

【易犯錯誤】

支撐腿不穩；上體前俯，動作變形；易犯合胯、扭膝之錯誤。

【練習方法】

支撐腳五趾抓地，側壓身體自然放鬆；逐漸加大側壓振幅，經一段練習後，可提高腿的高度；逐漸使上體貼靠在壓腿的腿面上，耳尖能碰到腳尖。

【要求】

挺膝、挺胸、直背、髖關節外展，被壓腿的腳尖回勾；逐漸增加壓腿的高度。

（3）後壓　背對與腰同高的物體而立，雙手

圖1-23

叉腰，一腳後抬放於物體上，腳面繃平；另一腿直立支撐於地，然後上體向後仰屈，反覆做壓振動作，頭略上仰，眼向上視。左右腿交替練習（圖1-24）。

圖2-24

【易犯錯誤】

身體搖晃，重心不穩；體僵式硬，身體緊張；被壓腿過於後彎，出現屈膝及兩腿不直之病。

【練習方法】

後壓時身體自然放鬆，振壓要有節奏地進行；後壓時應先做一些熱身動作，把肌肉和關節活動開後再練習，並與踢腿、耗腿、控腿交替練習。初習時，最好有助手在後握住被壓腳和托住膝部協助進行練習。

【要求】

支撐腿挺直，五趾抓地；挺胸、直背、開胯，身體放鬆，盡量後仰，身正、肩平、眼向上看。

2.搬腿

（1）吻靴　兩腳前後開立，後腿屈膝略蹲，前腿挺膝伸直，腳尖上翹，腳跟著地；雙手握住前腳掌，然後兩臂屈肘，上體俯腰前探，以嘴去吻腳尖。上動略停後還原，接著重複原動作（圖1-25）。

圖 1-25　　　　　　　　　　圖 2-26

【易犯錯誤】

重心不穩，左右傾斜；被搬壓（即吻靴之腳）之腿易彎，腳尖沒有回勾。

【練習方法】

支撐腳五趾抓地，吻靴之腳尖回勾要緊；初練時以頭觸及腳尖為目標進行練習，繼而再以嘴、下頜觸及腳尖。此動作要結合踢、擺腿進行練習。每組練習 3 組×20 次。

【要求】

挺胸、塌腰、身前探，挺膝、坐胯、屈肘。

（2）抱靴　一腿挺膝直立於地，另一腿屈膝提起，用雙手抱膝提起腿，使之緊貼於胸，頭正身直。左右腳交替練習（圖1-26）。

【易犯錯誤】

站立不穩，身體出現弓腰。

圖 1-27

32

【練習方法】

雙腿交替練習。抱靴與踢腿及提膝相結合練習。每次練習靜立抱靴 10 秒鐘，共 3 次即可。初練站不穩時，可先扶物進行。

【要求】

支撐腳五趾抓地，重心要穩，膝要挺直，胯向內收，挺胸、直背、塌腰。

3. 劈腿

（1）豎叉　兩腿前後分開成一直線，前腳跟和後腳面及前腿的後側、後腿的內側著地；身體正直向前，兩手撐扶於地或伸於體側成立掌。目視前方（圖 1-27）。

【易犯錯誤】

兩腳不能正確著地，出現一腿直另一腿彎的現象；雙腿肌肉過於緊張，上體不直前弓，導致動作變形。

【練習方法】

不可急於求成，應採取循序漸進的方法，有計畫、有目

圖 1-28

的地練習。雙腿交替互練，並採用劈腿與踢腿、高抬腿相結合的方法。初練時應先以手扶地慢慢壓劈，功深後採用前後轉練習法。

【要求】

頭正身直，身體放鬆，挺胸塌腰，鬆胯挺膝，襠部觸地。

（2）橫叉　兩腿屈蹲，兩手於體前撐扶在地；然後雙腿側身貼於地，上體正直，同時雙手側平舉。二目前視（圖1-28）。

【易犯錯誤】

初練時重心不穩，前俯後仰；上體不直，腿側伸不直，肌肉緊張。

【練習方法】

同豎叉。

【要求】

兩腿及臀部皆著地，頭正頸直，挺胸塌腰，鬆胯挺膝。

圖 1–29　　　　　　　　　圖 1–30

4. 踢腿

（1）正踢　　兩腿前後開立（距離約半尺），身體正直，雙臂左右平伸與肩同高，手成側立掌；然後，前腿向前活步踏實，挺膝支撐於地，後腳向前額直踢而起，腳尖回勾，目視前方。落地後再接踢另一腿（圖 1–29）。

【易犯錯誤】

支撐腳拔根（足跟提起），重心不牢；彎腿弓腰，腳尖不勾。

【練習方法】

結合壓腿練習，可採取先踢後壓、然後再踢的方法練習。初習先扶物體練原地踢腿，有功底後再練上步踢腿。練習次數 4 組×30 次。

【要求】

三直（身體直、臂要直、腿要直）、一勾（勾腳尖）。

五趾抓地，不拔跟，踢腿要快，要符合一快（重心變換快）、二收（收髖、收腹）的要求。

（2）外擺腿　前後開立，身體正對前方；兩臂左右側伸；然後右腳向前邁一小步，並支撐身體，左腳向異側方踢起，經面部向同側方擺落，接著再踢另一腿，注意腳尖勾緊。目視前方（圖1-30）。

圖1-31

【易犯錯誤】

支撐腳不穩，拔根旋擰；緊髖屈腿，擺動速度慢；身體不直，腳踢得沒有弧度。

【練習方法】

由低至高，循序漸進。先用腿擺擊適當高度的沙袋，以後再漸漸加高。壓、踢結合練習。

【要求】

頭正身直，挺胸立腰，鬆胯挺膝，支撐腳五趾抓地，不可拔跟。外擺幅度要大、速度要快。

（3）裡合腿　易犯錯誤、練法、要求及內容同外擺腿，惟擺踢的方向相反。

（4）側踢　身體側立，右臂屈肘上舉於頭頂，左臂下垂於襠前，雙手握成拳；然後，右腳向左前方跨一步，左腳向左耳側踢起，腳尖回勾；左腳落地後，腳尖外展，身體左轉。接踢右腿（圖1-31）。

【易犯錯誤】

重心不穩，拔跟；腿彎曲，起腿慢而落地重；動作轉換不靈活。

【練習方法】

壓腿與踢腿結合練習，左右腿交替側踢。初習時，亦可用手扶樹幹等物體，待純熟後再做行走側踢。

【要求】

頭正身直，挺胸塌腰，開胯直腿。腳尖回勾要緊，支撐腳五趾抓地，注意身體的平衡，周身協調、自然。

第七節　平衡動　　　作

平衡動作是指在武術運動中，左（右）腿支撐身體，右（左）腿提起所形成獨立的靜態造型動作。在套路演練過程中，平衡動作又分持久性平衡和非持久性平衡。持久性平衡與非持久性平衡的區別是，前者有時間限制（2 秒以上），而後者則無時間限制。武術的平衡動作既加大了拳術演練的難度，同時亦豐富了套路技術內容，使其更具有欣賞性。

1.舉腿獨立平衡

面朝前方，身體正直；左腿直膝，腳支撐身體，右腿在體前屈膝上提並向前上方蹬伸

圖 1-32

懸起，高過於腰，腳尖繃直；兩臂側伸，雙手成拳（圖1-
32），眼視右足。兩腳反覆互練。此動作為舉腿獨立平衡，
如果側舉腿即為側舉腿獨立平衡。

【易犯錯誤】

支撐不穩，重心傾斜；身體不正，易出現後仰現象；蹬
伸的腳高度不夠。

【練習方法】

初練可背靠牆壁，或手扶物體進行練習，以增強重心的
穩固性和身體的控制力。結合壓腿進行練習，以提高舉腿的
高度。練習時間及次數可自行掌握，一般以默念數字為佳，
逐漸加長練習時間。

【要求】

挺胸、塌腰、直背、沉肩；支撐腿挺膝直立，五趾抓
地，重心要穩固，不可搖晃。

37

2. 提膝平衡

身體正直朝前，左（右）腿
挺膝直立支撐身體；然後，右
（左）腿屈膝上提，靠近胸部，
腳面繃直，腳尖略向內垂扣、護
襠。眼向右平視（圖1-33）。

【易犯錯誤】

身體不直，重心不穩，提膝
過低，腳尖外展。

【練習方法】

雙腿先成弓步，然後，變直

圖1-33

圖 1–34   圖 1–35

立平衡，亦可做提膝亮掌等動作。初習者可一腿支撐身體，另一腿要盡量屈膝上提，腳、膝貼靠胸部，以使動作更加優美。平時多進行快速提膝動作。

【要點】

頭頂頸直，挺胸、直背、塌腰；提膝過腰，腳尖垂扣於襠前，支撐腿伸直，五趾抓地，重心要穩固，身體不許搖晃。每腿練習 2 分鐘後再換另一腿練習。

3. 燕式平衡

身體正直朝前，兩肘、臂於胸前屈曲交叉，雙手成掌，掌心向內；左腿直立支撐於地，右腿屈膝向上提起，腳面繃平；然後雙臂向左右兩側舉，掌指朝上，掌心向外；上體向前俯，頭部上抬，腰脊成反弓形，右腳向身後蹬伸懸起，腳尖朝後蹬伸懸起，腳面繃平向下。雙眼向前平視（圖 1–34）。

【易犯錯誤】

上體前俯過大，易造成支撐腳站立不穩、重心前栽之病；後伸腿過低，雙腿不直，身體僵滯，動作不靈活。

【練習方法】

先扶物體進行練習，或由助手幫助扶托，待動作準確後再獨立練習；結合後撩腿和劈叉、彎腰等基本功進行練習。初練1分鐘左右，以後可增加到2分鐘。循序漸進，逐步提高。

【要求】

雙腿挺膝伸直，支撐腳微內扣，五趾抓地，重心牢固；後舉腿略成弧形並高於水平部位，腳尖繃直；上身前俯，亦略高於水平部位，腳尖繃直；身體弓形要大，似燕子空中飛，塌腰、挺胸、抬頭。動作要輕鬆自然、協調一致。

39

4.盤腿半蹲平衡

上體略微前傾；兩臂向側方平伸；雙手成掌，掌心向外；左腿屈膝半蹲，大小腿之間為90°角，右腿屈膝，其小腿橫擱在左膝上成水平，腳內側朝上，兩腳交替練習（圖1-35）。

【易犯錯誤】

重心不穩，盤膝之小腿不平；身體出現「貓腰」之弊病。

【練習方法】

初學時，先以手扶物體進行練習，並多練習併腳的屈蹲動作，以提高身體的平衡性。加強有關腰、腿關節的柔韌練習。練習時間每組一般為1分鐘左右。

【要求】

身體微前傾，挺胸、塌腰、直背、沉肩、收腹、斂臀；支撐腳五趾抓地，重心平穩。

第八節　跳躍動作

透過各種跳躍動作練習，不僅能使習練者身體靈活異常、拳腳疾速敏捷，而且能夠大大增強腿部的肌肉力量和出腿的擊打力度，提高彈跳能力，促進腿部素質的快速提高。

最常見的跳躍動作有騰空雙飛腳、騰空飛腳、騰空擺蓮及旋風腳等。

1.騰空雙飛腳

身體正直朝前，雙腳併立；雙手下垂於體側。二目平視（圖1-36）。

兩腿屈膝下蹲，身體重心下降；然後，兩腳快速向前助跑，並蹬地跳起，身體在空中騰起，同時，雙腳快速向前上方踢出，腳面繃平，雙手拍擊兩腳面，上體略前傾。雙目視腳（圖1-37）。

【練習方法】

初練時先做原地縱跳和屈膝跳起動作練習，然後再練習完整的騰空雙飛動作。

【要求】

起跳要高，彈踢要快，並且頭有上頂之意。拍腳準確、響亮，收腹收髖；雙腳在空中略比肩窄，動作須連貫自然。

圖 1-36

圖 1-37

【易犯錯誤】

身體後仰，騰空後沒有挺膝，雙腳踢後未與地面平行。

2. 騰空飛腳

身體正直朝前，雙腳併步站立，眼向前平視。右腳快速向前上步助跑，左腳緊隨其後向前上方擺起，右腳蹬地向上跳起，使身體騰空；同時，左腿屈膝提起，右腳向前上擺，

圖 1-38

右手背與左手心於頭部上方相擊拍（圖 1-38）；接著，兩臂分開，右手拍右腳面，左手成鉤手向體側直舉，鉤尖朝下。二目視前方（圖 1-39）。

圖 1-39　　　　　　　　圖 1-40

【練習方法】

雙腿交替練習。初習者先進行原地單拍腳、上步拍腳、助跑抱膝及行進間彈腿等動作練習。

【要求】

蹬跳要高，步幅適宜，擺腿要在空中快速完成。踢擊時用力繃平腳面，擊響要準確響亮。同時挺胸、塌腰，提腰提氣，頭上頂。動作須連貫協調、一氣呵成。

【易犯錯誤】

擺腿太慢，起跳過低，腿在踢擊時沒有彈踢，身體前俯過多，動作笨拙。

3.騰空擺蓮

身體正直朝前，雙腳併立，二目平視；左腿屈膝略彎，左腳快速向前上步，經右腳向前走弧形步；接著左腳蹬地跳起，左腿屈膝上提，從後向右上方做裡合踢擺，上體順勢向

右旋轉 90°，身體騰空而起；在空中，雙手在頭部上方擊響，右腳同時向外擺動，左右手依次擊拍右腳面，上體略前傾，左腿屈膝上提，控於右腿內側（圖 1-40）。

【練習方法】

初習時，反覆練習原地和行進間的裡合、外擺動作，多練習弧形步、騰空跳起及騰空提膝轉體等動作。然後進行上右步──左裡合──快速向右轉體──右腳外擺的動作組合練習。左右腿交替練習。

【要求】

起跳要高，轉體疾速，上體略前傾，同時頭向上頂，收腹開髖；腿外擺時幅度要大並成扇形，腿要伸直；擊拍須準確、響亮，擊響要在落地前完成。動作要輕靈敏捷、協調一致。

【易犯錯誤】

轉體不夠，身體僵硬，動作不協調，擊響不明顯，身體不靈活且沉重。

4. 旋風腳

由左高虛步站立開始。左腳快速向前上步，右腳緊跟著向前經左腳落步並內扣，兩腿略屈蹲，上體略微前俯，兩臂自然側擺，頭微轉向左方（圖 1-41）；同時，身體向後、向上翻轉，右腳順勢蹬地跳起，身體騰

圖 1-41

圖 1-42　　　　　　　　圖 1-43

於空中；上體旋轉一周，右腳由外向內裡合，左手迎擊右腳掌，左腿屈膝提控在右腿內側。雙眼視右腳（圖 1-42）。

【練習方法】

初習者先練習裡合腿、外擺腿、翻身跳等動作，並反覆體會起跳、直體縱跳轉身動作。然後，再練習完整的旋風腳動作。

【要求】

起跳要高，擺腿要快，轉體須靈活；右腿裡合時，要伸膝貼身擺動，運動軌跡成扇形；擊拍須準確、響亮，且在轉體 270°左右開始擊拍；兩腿擺動時要弓腰、屈體、坐髖。

【易犯錯誤】

蹬跳過低，且與擺臂、提腰動作不協調；身體僵滯，轉體角度不夠，上體後仰。

圖 1-44

第九節　跌撲滾翻

跌撲滾翻是技擊實戰時一種主動倒地而自我保護的技法。經常進行跌撲滾翻練習，不僅可提高身體協調、柔韌、速度等必需的技擊素質，而且能增強關節韌帶的強度和活動範圍，發展平衡身體各器官系統。

1.前撲（栽碑）

身體正直，兩腿併攏站立，腳尖朝前，目視前方；然後身體向前傾倒（圖1-43）；在即將接近地面時，彎臂屈肘，以兩掌及前臂著地，頭略上仰。目視前方（圖1-44）。

【要點】

抬頭、直體，胸略內含，掌、臂同時著地；不許凸臀。

【練習方法】

（1）先面牆站立，做前撲動作，逐漸加大身體的傾斜度。

（2）在墊上多體會動作要領。

2.側栽

兩腳掌著地，雙腿屈膝成馬步；兩臂伸直於體側，雙手成拳，拳心向下（圖1-45）；身體以腰為軸向左擰轉，兩臂向上、往右後擺動；同時，右腳經左腳向前伸出，右腿挺直，左腳著地，腿屈曲；接著以右臂、右體側及右腿外側向地面跌落，左掌附於右腋處著地，頭面上仰，目視左上方（圖1-46）。

圖1-45

圖1-46

【要點】

周身協調放鬆，動作疾速；轉身、擺臂及伸腿要連貫一致，乾脆俐落。

【練習方法】

反覆在墊上進行練習，多體會動作要領。

3.後栽碑（後倒）

身體正直，兩腿屈曲下蹲成馬步；兩臂伸直在體側，雙手握成拳，拳心向後；然後，身體後仰下倒，兩拳變成掌，掌心、手臂及後背著地；同時，左腿屈曲，全腳掌著地不動，右腿隨後倒動作而自然直擺（圖1-47）。

【要點】

含胸挺腹，勾頭閉氣。當身體著地時肌肉要緊張。

【練習方法】

（1）以背撞樹或牆來提高抗摔打的能力。

（2）在海綿墊上體會動作技術要領，逐漸過渡到地面上練習。

4.搶背

身體正直，兩腳開立。右腳上步，左腳隨之蹬地躍起，上體

圖1-47

前俯，兩手扶地，屈臂緩衝，低頭團身；然後，肩、背、腰、臀依次向前滾翻（圖1–48）。

【要點】

身體躍起騰空要輕靈。滾翻時勾頭團身，含胸收腹。

【練習方法】

（1）先練習以手撐地的滾翻動作。

圖1–48

（2）技術要領掌握熟練後，再做騰空躍起的搶背動作。

48

5.鯉魚打挺

身體仰臥於地，然後屈體，兩腿向上擺，膝部接近前額，以背部著地，雙手分別扶按兩膝（圖1–49）；兩腿向後、向下蹬擺，同時身體用力挺起，雙腳掌著地站立而起（圖1–50）。

【要點】

動作快速、輕靈，腰部用力。雙足距離與肩寬。

【練習方法】

（1）教練以手向上托其肩部，以幫助練習者體會動作技術要領。

（2）雙手在頭兩側屈伸撐扶地面，做手推地的振擺打挺動作，逐漸過渡到手不扶地的完整技術練習。

圖 1－49

圖 1－50

49

第十節　椿功

古人云：「萬法椿功生」，椿功是武術中重要的基本功。所謂「椿功」，就是由符合人體生理的靜立不動姿態來進行鍛鍊機體的內氣活動的功法。

其目的有兩種，一是由椿功養氣培元，使體內精充氣足神旺，氣血暢達，經絡通舒，達到有病祛病、無病鍛鍊身體、強壯體魄、延年益壽的目的；

二是由練習椿功，可迅速調動自身的內在潛力，丟棄後天拙力，新生內勁，且返璞歸真，激發先天素質，增強四肢百骸的內在力，鞏固下盤的穩固性。

椿功的練法較多，有虛步椿、弓步椿、馬步椿、渾圓椿、獨立椿等等。下面著重介紹簡便易學、功效較高的馬步椿。

馬步樁（四平樁功）

圖1-51

兩腳左右平行開立，距離約是本人足長的三倍半，雙腿屈膝下蹲，大腿接近於水平，膝蓋不超過腳尖，兩腳五趾抓地，兩膝外撐，襠要圓；身體重心落在兩腳正中；身體正直朝前；沉肩墜肘，兩臂屈肘在胸前，雙手合掌如拜佛狀；頭頂頸直，口齒微合，舌抵上腭，意照氣海丹田部位；以鼻呼吸，氣息要勻、長、細、深。目視兩手中指尖（圖1-51）。

【易犯錯誤】

初練時易於急躁，身體僵硬，堅持不了多長時間，動作變形；心猿意馬，精神不集中。

【練習方法】

初練者姿勢可稍微高一些，隨著功夫的加深而逐漸達到標準。時間一般在2～5分鐘之間，應做到站樁後休息1分鐘接著再站，共站4次。練完後一定要進行周身按摩放鬆，以便使肌肉鬆弛，不易疲勞。

【要求】

頭正頸直，「頂平、肩平、腿平、心平」，「頭正、身正、勁正、氣正」。身體放鬆，內外協調一致，做到形靜意動，靜中有求動，吸清排濁，培元養氣，重心穩固，意念柔和集中。久習可生無窮之內勁。

第二章

少林武術著名套路

>>>>>>>>>>>>>>>>>>>>>>>>>>>>>>>>

第一節 少林四門斗拳動作圖解

「少林四門斗拳」亦稱「八式拳」，是少林派基本入門套路之一。此拳動作樸實無華，結構嚴謹，架勢舒展灑脫、勁道勢猛，發力短促，內外相合；拳功一體，易於學練，適合初學者習練。

四門斗拳套路短小精悍，從起勢到收勢雖然只有十餘個動作，但內容十分豐富，包含了弓、馬、仆、虛、歇、丁等基本步型及拳、勾、掌三種基本手型。連續演練此拳四遍即可拳打四方，猶如四門把守，嚴密無隙，顧打相合。

一、動作名稱

第一式　預備勢　　　　第五式　弓步沖拳
第二式　懷中抱月　　　第六式　鐵門栓勢
第三式　開弓亮勢　　　第七式　馬步貫耳
第四式　金雞獨立　　　第八式　丁步挑掌

二、動作圖解

第一式　預備勢

　　兩腿直立併攏，腳尖朝前站立，身體正直；雙臂自然下垂於身體兩側，手心向內，貼靠在大腿外側，掌指朝下；頭正肩平，氣沉丹田，心澄目潔。眼向前平視，自然呼吸（圖2-1）。

圖 2-1

第二式　懷中抱月

　　兩腳原地不動；雙臂以肩為軸，從身體兩側向上抬起成一字形，與肩同高，雙手握拳，拳心向下。二目注視左方（圖2-2）。緊接著，兩肘彎曲，雙拳快速回抱於右腹前重

圖 2-2

疊，左拳壓在右拳之上，兩拳心均朝上，頭略向下低。雙目
視拳（圖2-3）。

【要點】

下肢不動，重心穩固。疊拳快捷，勁力短促有力；沉肩
夾肋，手眼相合。

第三式　開弓亮勢

接上式。右腳尖略外撇成
45°，全腳掌著地，左腳向前伸
出，腳尖點地，雙腿屈曲下蹲成
左虛步；同時，右拳經胸前向上
架於頭頂，直臂沉肩，拳心朝
左；左拳從腹前快速向左側方沖
出，臂微屈，拳心朝上。目視左
方（圖2-4）。

【要點】

虛步要牢固，膝內扣；挺胸
塌腰，虛實分明；沖拳與架拳同
時進行，雙臂微屈；動作要協調
一致，乾脆利索。

第四式　金雞獨立

接上式。右腳向前上步落於
左腳旁，雙腿直立，兩腳併攏；

圖2-3

53

圖2-4

同時，左拳由左向右經面前往下蓋壓，拳心朝下，眼睛隨視右拳（圖2-5）；上動不停，右腳提起後向下震腳，左腳快速提膝，左腳尖內扣護襠；同時，右拳向上沖出，左臂屈曲於右胸前，拳心斜向下。目視左方（圖2-6）。

【要點】

上步與鑽拳協調一致，連貫自如。震腳時腳跟先著地，動作乾脆有力，銜接一定要緊湊。提膝時，腳內扣護襠，支撐腿要平穩。挺胸抬頭，精神抖擻，猶如金雞獨立，站而不動。

圖2-5

第五式　弓步沖拳

接上式。右腳不動，腿屈曲下蹲，大腿與小腿相貼靠；同時，左腿挺直，向側方平伸鏟出，腳尖內扣，兩腳成左仆步；上體自然安舒，頭正頸直，沉肩墜肘；雙臂舉而不動。頭向左轉，眼看左側前方（圖2-7）。

圖2-6

接著，雙腿迅速起動，成左弓步；同時，左手向左摟抓並收回於腰間成拳，拳心向上；右拳經右腰間向前沖出，臂要曲而不曲，直而不直，高與肩

圖2-7

圖2-8

平，拳心朝下。眼視右拳
（圖2-8）。

【要點】

步型須正確標準，架穩
式牢；沖拳疾速有力，內外
相合，力貫拳面；頭正肩
平，挺胸塌腰，鬆肩垂肘。

第六式　鐵門栓勢

圖2-9

接上式。左腳收回半
步，腳尖點地，雙腿屈曲下蹲成左虛步；上體以腰為軸向右
側略微扭動；同時，右拳回收，肘、臂屈曲成90°，拳心朝
內，拳面向上，左拳向前上方鑽出，肘、臂屈曲角度略大於
90°，右拳防護於左肘處。目視左拳面（圖2-9）。

【要點】

虛步標準牢固。動作快速敏捷，協調一致，上下相合，連貫自如。頭正肩平，沉肩墜肘，腋下懸空。

第七式　馬步貫耳

接上式。右腳快速向前上步，全腳掌著地，腳尖朝前，左足隨之轉動，腳尖亦向前，兩腳

圖 2-10

平行（兩足距離與肩等寬），同時雙腿屈曲下蹲成馬步；雙肘、臂屈回收。防護於耳之兩側，拳心向前，拳面朝上。眼向前平視（圖 2-10）。接著雙拳下落成立掌，經腰間向前擊出，兩臂平行似曲似直，與胸同高。目視雙拳（圖 2-11、圖 2-11 附圖）。

【要點】

頭正身直，挺胸塌腰，開胯裏膝。擊掌時，要以掌外沿為力點，動作快捷有力，連貫疾速，一動皆動，勁式凶猛。

第八式　丁步挑掌

接上式。左腳收於右足弓處，足點地成丁步；同時，雙掌由左向右畫弧挑出，掌指向上，右掌高與眼平，左掌護於右肘處，肘、臂直而不直、曲而不曲。眼視右掌（圖 2-12、圖 2-12 附圖）。

圖 2－11

圖 2－11 附圖

圖 2－12

圖 2－12 附圖

【要點】

　　丁步安穩牢固，雙腿要蹲平。挑掌要剛柔相濟，防護嚴密。鬆肩垂肘，直身、腰，挺胸、頭。

<table>
<tr><td>圖 2-13</td><td>圖 2-13 附圖</td></tr>
</table>

第九式　馬步栽襠

接上式。左腳向側方退出一步，右腳不動，兩腿屈曲下蹲成馬步；左手握拳，收於腰間，拳心朝上；右手變拳，右前臂內旋回收，經面前下插於襠部前，肘、臂伸直，拳面向下，拳心朝右。眼隨拳動（圖 2-13、圖 2-13 附圖）

【要點】

頭正身直，馬步平穩，五趾抓地。插拳剛柔，勢猛勁道；上下協調一致，一枝動百枝隨，氣力合一。

第十式　雙手插掌

接上式。雙腳成馬步站穩不動；右拳變掌，經腰間向右方插出，掌心向上，與耳同高；左拳收於腰間，拳心向上。

圖 2－14　　　　　　　　圖 2－15

目視右掌（圖 2-14）。

　　然後，身體疾速右轉，右腿向前弓，左腿猛然蹬直成右
弓步；左拳變掌，由腰間向右前方快速插出，掌心朝上，雙
臂寬不過肩。雙目視掌（圖 2-15）。

　　【要點】

　　動作快捷連貫，力整勁道。弓步轉換疾速，出掌時順肩
直臂，力貫掌指。頭正頸直，含胸拔背，沉肩墜肘。

第十一式　馬步栽襠

　　接上式。兩腳略活動，腳尖朝前，雙腳平行，雙腿屈曲
下蹲成馬步，身體正直朝前；雙拳回收胸前，前臂內旋，經
胸部往下快速栽拳於襠前，雙肘、臂伸直，拳面朝下，拳心
向後。頭略低下俯，二目視拳（圖 2-16、圖 2-16 附圖）。

圖 2-16

圖 2-16 附圖

【要點】

雙腳五趾抓地要牢，重心在兩腳中間。拳下插要迅速有力，乾淨俐落，肘、臂伸直，力達拳面。

第十二式　跟腳亮掌

接上式。右腳快速提起，向左腳跟處震腳落實；同時身體略左轉朝前，看正似斜，沉

圖 2-17

肩鬆腰；然後左腳快速提起向前方落步，以腳尖點地，腳跟提起成左虛步；同時，雙拳變掌，經腹向上運動，在胸前分掌，右掌向頭後上方挑托，掌心斜向上；左掌以手指為力點向前插出，掌心向上，高與鼻平。眼視左掌（圖 2-17）。

圖 2–18

圖 2–19

　　緊接著，身體起立，右腳直立支撐身體，左腿屈膝提起，腳尖內扣護襠；同時，右掌向前畫弧收於胸前，左手向前方插出，掌與鼻同高。目視左掌（圖 2-18）。

【要點】

　　身體轉換自然和諧，上下協調一致。震腳快捷有力，虛步安穩。手臂直而不直，曲而不曲。含胸拔背，頭正頸直，裹膝展髖。

第十三式　燕落堤沙

　　接上式。左腳向前落步，右腿挺直，右腳經左腳向前跨出，右腿屈膝，腳尖朝前，成右弓步；同時，右掌經左掌上方向前穿出，肘、臂伸直，掌心向上，高與鼻平；左掌不動。目視右掌（圖 2-19）。然後，身體以腰為軸，猛然左轉，重心降低，兩腿成左仆步；同時，右掌迅速隨之屈腕，

圖 2－20

圖 2－21

並向後成勾手，左掌不變。頭向左轉，目視前方（圖 2－20）。

【要點】

落步安穩牢固，五趾抓地。右掌穿出疾速有力，力達指梢。身體中正，沉肩垂肘。肌體放鬆，精神集中，以意發力。

第十四式　摟手沖拳

接上式。身體迅速提起，重心前移，雙腿成左弓步；同時，左手經胸部向前畫弧形摟抓，並收於腰間變成拳，拳心向上，右手變拳，經腰間向前疾快沖出，拳面向下，與肩同高。眼看右拳（圖 2-21）。

【要點】

弓步穩固，五趾抓地。身體正直，頭正肩平，沉肩垂

圖 2－22

圖 2－23

肘。沖拳快速有力，擰腰順肩，催肘達手，氣力合一，力貫拳面。

63

第十五式　鐵門栓勢

動作說明同第五式（圖 2-22）。

第十六式　收勢

身體自然直立；左腳收回於右腳處，雙腳併攏緊靠；雙手自然垂於身體兩側；頭正身直，沉肩墜肘，心澄目潔。目視前方（圖 2-23）。

收勢時面向東。如果連續演練四遍便可「拳畢歸位」。

第二節　少林蓮花拳動作圖解

一、少林蓮花拳拳譜

> 武松善用沖心拳，盯心一捶五臟爛。
> 敬德回京開路炮，馬上一鞭炮花閃。
> 下馬再施臥底炮，又來抖足開萬山。
> 猛虎蹬山震萬妖，高山一炮紅滿天。
> 雙炮重轟山倒塌，鳴鑼開路飛山泉。
> 沖心肘破巨石碎，沉香劈山救母還。
> 鐵拳一出泰山穩，劈山打虎安千年。
> 少林蓮花拳法高，森護少室禪地藍。

64

二、少林蓮花拳動作名稱

預備勢

第 一 式　盯心標拳

第 二 式　馬上炮捶

第 三 式　臥底炮捶

第 四 式　打虎靠山

第 五 式　迎面推掌

第 六 式　燕落沙堤

第 七 式　迎面撩掌

第 八 式　單拍腳

第 九 式　弓步架推

第 十 式　高山炮打

第十一式　雙炮轟山

第十二式　鳴鑼開路

第十三式　沖心肘打

第十四式　劈山救母

第十五式　右斜飛勢

第十六式　鐵拳架山

第十七式　劈山打虎

收勢

圖 2－24

圖 2－25

三、少林蓮花拳動作圖解

預備勢

　　兩腳併攏站立，腳尖朝前，直腿挺膝；兩臂自然下垂於體側，雙手中指緊貼於褲線上。身體正直朝前，目視前方（圖 2-24）。接著，左腳向左側邁步，兩腳平行，距離與肩同寬；雙手抱拳於腰間，拳心朝上（圖 2-25）。

　　【要點】

　　抱拳與邁步同時進行，肘、臂緊貼肋部。挺胸直腰，周身安舒，氣沉丹田。

圖 2-26　　　　　　　　　圖 2-27

第一式　盯心標拳

　　接上式。雙腳站立不動，雙臂以肩為軸，在體前逆時針畫圓，右拳朝右，拳心向下，略比肩低；左拳放在右腰處，拳心朝上，兩臂微屈。目視右拳（圖 2-26）。然後，身體以腰為軸左轉，左腳向前上步，右腿挺膝伸直，雙腿成左弓步；同時，右拳向前沖出，拳心向下，高與胸平；左拳收於腰間，拳心向上。目視右拳（圖 2-27）。

　　【要點】

　　運拳應剛柔相濟、緩慢得宜；沖拳時要撐腰順肩，快速有力；頭正身直，挺胸塌腰。

第二式　馬上炮捶

接上式。右拳收於腰間，左拳疾速向前沖出，高與胸平；同時，左腿挺膝伸直，支撐身體；右腳向前彈踢，力達腳尖；頭正身直，下頜微收，目視左拳（圖2-28）。然後，右腳向前落下，腳尖朝前身體左轉90°，兩腳平行，雙

圖2-28

腿屈曲下蹲成馬步；接著，右拳順借擰腰轉體之力向前沖出，與胸同高，拳心朝下；左拳收於腰間，拳心朝上。目視右拳（圖2-29、圖2-29附圖）。

圖2-29

圖2-29附圖

【要點】

沖拳要快速有力，臂略屈曲。彈踢疾速、凶狠，支撐腳牢固。動作協調、乾脆，快發快收，一氣呵成。

第三式　臥底炮捶

接上式。左腳站立不動，右腳後插，雙腿成歇步；同時，左拳變掌，從腰間由內向外畫圓，右臂經下向右、向內畫弧，雙臂略屈，右拳背在腹前砸擊左掌心。目視右拳（圖2-30、圖2-30附圖）。

【要點】

左腳五趾抓地，重心平穩。砸擊要乾脆響亮。挺胸塌腰，沉肩墜肘。動作圓活自如，協調連貫。

第四式　打虎靠山

接上式。雙腳快速蹬地跳起，身體向右轉180°，兩腳落地成馬步；右拳順勢上架於頭頂，拳心朝前；左拳向內畫弧，在腹前壓蓋，臂屈曲橫於腹前，拳心向下。目視左方

圖2-30

圖2-30附圖

（圖2-31）。

【要點】

跳躍要高、輕，落地須平穩。架拳與壓蓋同時進行，周身協調一致。頭正身直，挺胸塌腰，圓襠裏膝。

第五式　迎面推掌

接上式。身體疾速右轉，右腳向前活步，左腳尖內扣45°，雙腿成右弓步；同時，右拳變掌，向前擊出，力達掌外沿；左拳變掌，收於腰間，拳心向上。目視右掌（圖2-32）。

【要點】

轉身與上步同時進行，重心牢固。擊掌要力猛勁實，氣力自丹田而發，貫於掌外沿。整個動作須敏捷連貫、協調自然。

第六式　燕落沙堤

接上式。雙腳碾地左轉，全腳掌著地，左腿屈膝下蹲，

圖 2－31

圖 2－32

右腿挺仆伸直成仆步；同時，身體隨之左轉；右掌護於左胸前，掌心向外，掌指朝上；左掌變鉤手，乘勢向後勾摟，臂伸直，鉤尖朝上。目視右腳（圖2-33）。

圖2-33

【要點】

轉身靈敏圓活，重心安穩。挺胸直腰，斂臀開胯。

第七式　迎面撩掌

接上式。身體上起朝前，雙腳右轉，右腿向前弓，左腿挺膝繃直成右弓步；同時，右掌變鉤手，向前外摟於體後，鉤尖朝上；左手變掌，順擰腰轉身之勢向前撩擊，高與腹平，掌心朝前，指尖斜向下。目視左掌（圖2-34）。

圖2-34

【要點】

撩掌要有爆發力，並與摟手動作協調一致。沉肩直臂，以氣發力。

第八式　單拍腳

接上式。右腿挺立，支撐
身體，五趾抓地；左腳迅速向
前踢起，腳面繃平；左掌變
拳，收於腰間，拳心朝上；右
臂以肩為軸，由後向前掄拍，
以掌心拍擊足面。目視右掌
（圖 2-35）。

圖 2-35

【要點】

踢、拍同時進行，快速有
力，支撐腳要牢固。身體中正
安舒，拍擊響亮。

第九式　弓步架推

接上式。左腳前落，大腿
水平屈膝，膝蓋與腳尖垂直；
右腿挺膝伸直，全腳掌著地，
腳尖內扣 45°成左弓步；同
時，右臂屈曲，架於頭上，掌

圖 2-36

心朝前；左拳變掌，由腰間向前擊出，力達掌外沿，掌指朝
上，掌心略向左前側，與胸同高。目視左掌（圖 2-36）。

【要點】

落腳輕靈、穩固，重心平衡要好。擊掌以氣發力，力整

圖 2-37   圖 2-38

勁道，臂曲而不曲、直而不直，動作協調、連貫。

72

第十式　高山炮打

接上式。身體由左往右向後轉；右腳疾速向左腳處震腳，全腳掌著地，腳尖朝前；同時，左腿屈膝提起；左臂微屈；左手向體前壓蓋，掌心朝下，掌指向右，高與胸平；右掌變拳，收於腰間，拳心朝上。目視左掌（圖 2-37）。

左腳前上步，屈膝成左弓步；同時，左臂屈曲，上架於頭上方，掌心朝前；右拳向前衝出，力達拳面。目視右拳（圖 2-38）。

【要點】

轉身迅速、靈活。震腳有力、響亮，重心平穩。蓋壓須圓活自如，連貫協調，沖拳要擰腰順肩，沉肩墜肘。

圖 2 - 39

圖 2 - 40

第十一式　雙炮轟山

接上式。右腿向前提起，在左腳內側震腳；左腿疾速提起，腳面繃直；同時，左掌變拳，與右拳收於腰間，拳心貼於腰部，拳眼朝上。目視前方（圖 2-39）。

左腳向前上步，全腳拳著地，左腿屈膝接近水平；右腳不動，挺膝直腿，兩腿成弓步；同時，雙拳向前沖出，拳眼朝上，拳心相對，兩臂略屈平行，與胸同高。目視雙拳（圖 2-40）。

【要點】

震腳乾脆、響亮，牢固有力。收拳要快，擊拳剛猛，力達拳面。動作乾淨俐落、連貫自然。

圖 2-41

圖 2-42

第十二式　鳴鑼開路

接上式。右腳經左腳裡側向前上步，然後左腳再向前上步，全腳掌著地，支撐身體；同時，右臂以肩為軸，順時針向後掄起，兩拳變掌，右掌背與左掌心於頭上方相合擊。目視雙掌（圖 2-41）。

右腿伸直向上踢起，腳面繃平，左腳站立不動；同時，左臂側伸，掌心向下，右掌拍擊右腳面。目視右掌（圖 2-42）。

【要點】

上步快速、連貫，重心穩固，五趾抓地。擊拍要有力、響亮，動作乾脆、灑脫。

圖2-43　　　　　　　圖2-43附圖

第十三式　沖心肘打

接上式。右腳向前落下，腳掌著地，腿前弓，屈膝蹲平；左腳不動，挺膝直腿，兩腿成弓步；同時，右掌變拳，左掌頂住右拳面，右臂屈曲，以肘尖為力點向前頂出。目視右肘尖（圖2-43、圖2-43附圖）。

【要點】

重心平穩，上體略前探。前腿弓，後腿繃，挺胸直腰，勿晃動。頂肘要凶狠、有力，肘、臂抬平。

第十四式　劈山救母

接上式。左腳活步，腳尖外撇，全腳掌著地，五趾抓地，右腿屈膝上提，腳面勾住左膝膕部位；同時，身體由左

向後快速轉動，左掌向外弧
形攔劈，然後屈曲肘、臂，
立掌護於右胸前，掌心朝右
方，指尖朝上；右拳變掌，
順勢向左肋旁劈擊，掌心朝
斜上方，力達掌外沿。目視
右掌（圖2-44）。

【要點】

轉身以腰為軸，圓活自
如。支撐腳穩如磐石。攔、
劈與轉身要同時運動，力要
順達、疾速。

圖2-44

第十五式 右斜飛勢

接上式。右腳向前上
步，腳掌著地，腳尖朝前，
五趾抓地，大腿屈膝前弓，
膝蓋不超過腳尖；左腳站立
不動，直腿挺膝，兩腿成弓
步；同時，身體突然向左擰
腰發力；雙臂前後分抖，右

圖2-45

掌心向上，與眼同高；左掌心向下，與腰同高。目視右掌
（圖2-45）。

【要點】

重心平穩，功架端莊。抖臂須借腰勁，要有分千斤之

意。頭正身直，沉肩墜肘。

第十六式 鐵拳架山

接上式。身體稍向左轉，右腳略回收，腳尖點地；左腳不動，兩腿成右虛步；同時，兩掌變拳，左臂屈曲上架，拳心朝外；右臂外旋下格，拳面栽於右大腿上，拳心朝外。目視前方（圖 2-46）。

圖 2-46

【要點】

左腳實，右腳虛，重心前三後七。架、栽拳與虛步定勢同時進行，動作連貫自如。挺胸塌腰，收胯斂臂。

第十七勢 劈山打虎

接上式。右腳經左腳向左側跳步，腳掌著地，腳尖向前；左腳順勢向側方開步，兩

圖 2-47

腳屈膝下蹲成馬步；左臂由右經上向下、右臂由右經下向上於體前畫圓，右臂屈曲上架於頭上，右拳心朝前；左拳下栽於左大腿上，臂屈內旋，拳心朝外。目視左方（圖 2-47）。

【要點】

跳步輕靈、迅速，重心安穩。架拳要抖腕，並與栽拳同時進行，沉肩墜肘、直背挺胸。動作連貫完整、一氣呵成，定勢時口發「嘿」音。

收　勢

圖 2-48

接上式。右腳不動，左腳向右腳處併攏站立，腳尖朝前，挺膝直腿；同時，雙臂在體側下落，中指緊貼於褲線處。身體正直朝前，目視前方（圖2-48）。

【要點】

收腳與手臂下落同時進行。周身安舒，沉肩垂肘，氣沉丹田，呼吸自然。

第三節　少林羅漢拳動作圖解

「羅漢」一詞源出佛教，是世人對功德高深的修行者之稱頌。以宗教中羅漢為基礎造型的少林羅漢拳，是嵩山少林派武術重要的拳術套路之一。

羅漢拳具有形神兼備、剛柔相濟，及勢猛勁道、技擊性強之特點，特別是在強筋壯骨、祛疾健體和扶正除邪、禦敵防身等方面更具有其獨特的功用效果。

一、少林羅漢拳歌訣

> 頭如波浪，手似流星，
> 身如楊柳，腳似醉漢，
> 出於心靈，發於性能，
> 似剛非剛，似實而虛，
> 久練自化，熟極通神。

二、少林羅漢拳動作名稱

第 一 式　預備勢	第 十五 式　馬步擊掌
第 二 式　羅漢護體	第 十六 式　旋風飛腳
第 三 式　雙峰貫耳	第 十七 式　童子拜佛
第 四 式　蟠龍斬手	第 十八 式　羅漢守門
第 五 式　雙龍出洞	第 十九 式　羅漢伏虎
第 六 式　馬步栽褙	第 二十 式　羅漢守門
第 七 式　羅漢打虎	第二十一式　羅漢伏虎
第 八 式　騰空飛腳	第二十二式　羅漢護身
第 九 式　二郎擔山	第二十三式　騰空飛腳
第 十 式　連環炮捶	第二十四式　羅漢聽經
第十一式　小打虎勢	第二十五式　猛虎入洞
第十二式　猛虎出洞	第二十六式　五花坐山
第十三式　老虎蹬山	第二十七式　收勢
第十四式　羅漢睡覺	

圖 2-49　　　　　　　　　　圖 2-50

三、少林羅漢拳動作圖解

第一式　預備勢

身體正直朝前，兩腿挺膝直立，雙腳併攏，腳尖向前；兩臂下垂於身體兩側。頭正頸直，目視前方（圖2-49）。

接著，兩臂從體側上舉，前臂外旋，掌心翻上，與肩平，肘、臂屈曲收於胸前，雙手相合成掌，掌指朝上，與鼻同高。氣沉於小腹（丹田）部位，目視中指尖（圖2-50）。

【要點】

周身放鬆，沉肩墜肘，意氣形相合，心澄目潔。動作緩慢、舒展。

圖 2-51　　　　　　　　　　圖 2-52

第二式　羅漢護體

　　承上式。左腳快速向左側開立，兩腳平行，與肩同寬，腳尖朝前，兩腿伸直；雙掌在小腹前快速交叉下插，右手在外，左手在內，兩腕相貼靠，掌指斜向下，手心朝裡。頭略低，二目視掌（圖 2-51）。

　　上動不停。身體正直，兩腳站立不動；雙臂屈曲夾肋，雙手握拳，收於腰間，拳心向上。眼前平視（圖 2-52）。

　　【要點】

　　鬆身舒體，動作疾速。邁步、插掌及抱拳須連貫協調，不可脫節。二目吐威，沉肩墜肘，肘勿外張，掌不貼腹。

圖 2－53　　　　　　　圖 2－54

82

第三式　雙峰貫耳

承上式。身體疾速右轉；兩臂向身體兩側伸直分開，拳心朝前，與胯同高；同時，右腿提起，向下震腳，全腳掌著地，左腿順勢略抬。雙目向前平視（圖 2-53）。

接著，身體重心前移，左腳向前方邁步，左腿屈曲蹲平，腳尖朝前；右腿挺膝伸直，兩腿成左弓步；雙手經兩側向前上方合擊，拳略高於肩，拳心相對，拳眼朝上。雙眼視拳（圖 2-54）。

【要點】

震腳要快速有力，五趾抓地。抬腿及時，保持身體重心的平穩。轉身敏捷，貫耳凶猛。整個動作連貫自如，意氣相合，神形兼備。

圖 2-55

圖 2-56

第四式　蟠龍斬手

承上式。身體右轉，向後疾速回身；左腳自然向內轉動，右腳向後撤步，雙腿微屈下蹲，右腳跟提起，腳尖著地；左腳微向外撇，全腳掌著地；同時，右臂以肩為軸，屈肘弧形撩起，掌心朝上，與小腹同高；左手附於右前臂處，掌心向上；身體略前傾，重心落於左腳上。目視左掌（圖2-55）。

接著，身體重心降低，雙腿屈膝成歇步；左掌回收於腰間，掌心向上；右掌向前下方斬切，右臂微屈，掌心朝下，力達掌外沿。目視右掌（圖2-56）。

【要點】

轉身圓活自如，撩擊時臂略屈，力貫掌根。沉肩墜肘，舒胸鬆體。整套動作連貫協調，招招相連、式式相扣。

第五式　雙龍出洞

承上式。身體疾速向右後轉；右腳自然轉動，並向前上步，全腳掌踏實，大腿屈膝接近水平；左腿挺膝伸直成右弓步；上體正直朝前；同時，雙掌在體前挽一小圈，經腰間向前穿出，兩臂似直而曲，與肩同寬，掌指朝前，掌心朝上，與鼻同高。目視雙掌（圖2-57）。

圖2-57

【要點】

轉身要協調快捷、自然靈活。穿掌凶狠，力達指梢。動作輕靈圓活，勁猛勢毒，以達一擊即殺之目的。

第六式　馬步栽襠

圖2-58

承上式。身體左轉，雙腳隨之碾地轉動，腳尖朝前，五趾抓地，兩腿屈膝下蹲成馬步；同時，雙掌變拳，經腰間向下栽擊於襠前，雙臂內旋，略比肩窄，拳背相對，拳面朝下，力達拳面。目視右前方（圖2-58）。

【要點】

轉動靈敏，重心平穩。栽出氣力合一，發力勇猛、乾脆。挺胸拔背，合肩沉氣。擰臂直腕，開胯圓襠。

第七式　羅漢打虎

承上式。上體以腰為軸，略向右轉，右腳提起，向左腳後插步，腳尖點地；左腳不動，兩腿微屈曲；同時，右臂向裡掛撩，左臂向右自然運動，兩前臂在腹前交叉，右臂在外，緊貼左前臂。眼睛隨視右拳（圖2-59）。

圖2-59

接著，身體繼續右轉，重心後移；左腿屈膝提起，腳面繃直；右腿挺膝伸直，右腳掌踏地，五趾抓地，支撐身體重心；右臂向左上成弧形運動，在體前畫圓，向上屈臂架於頭

圖2-60

上方，右拳拳眼斜朝下方；左臂屈曲，左拳栽放於左膝上，拳心朝外。目視前方（圖2-60）。

【要點】

插步與雙臂交叉同時進行，身活體靈，以腰為旋轉軸，

轉動圓滑、疾速。左腳裡扣，右腿挺膝直立，腳內扣護襠，重心安穩。架、栽拳協調配合，動如波濤，靜似山岳。動作自然、連貫，周身一動無有不動。

第八式　騰空飛腳

圖 2-61

承上式。左腳向前落步踏實，腳掌著地；右腳經左腳向前邁進一步，雙腳用力蹬地，身體騰空而起，左腿屈膝上提於體前，右腿挺膝直腿，以腳面為力點，向前彈踢；同時，雙掌在頭上方相合擊響，左掌在上，右掌在下，然後左臂側伸直舉，掌指併攏伸直，掌心向下；右臂伸直，右掌拍擊右腳腳面。目視右手（圖 2-61）。

【要點】

進步疾速、輕靈，動作連貫自然。騰空須高，拍腳要響，彈踢力達腳面。注意身體不可傾斜，節奏要顯明。

第九式　二郎擔山

承上式。左腳先著地，全腳掌著地，然後右腳再落地踏實；左腿屈膝提起，腳面繃平，腳尖內扣，而右腿挺直支撐身體，五趾抓地；同時，身體微向左轉；兩掌變拳，左拳向後，右拳向前沖出，雙臂伸直成一直線。目視右拳（圖 2-

圖 2－62

圖 2－63

圖 2－64

62）。

【要點】

落腳要輕靈，重心須安穩，轉換應疾速、敏捷。擊拳要同時進行，動作乾脆俐落，直腕沉肩，裏膝合襠。

第十式　連環炮捶

承上式。左腳向前邁出落實，右腿挺膝蹬直成左弓步；同時，身體正直，挺胸抬頭；右拳收於腰間，拳心向上；左拳經腰間向前沖出，拳心朝下，拳與胸同高，然後左拳回收腰間，右拳向前沖出（圖 2-63），緊接著再向前擊出左拳。雙目視拳（圖 2-64）。

【要點】

前腿屈膝弓步，膝不超過腳尖，後腿挺直，五趾抓地，重心微傾前腳上。沖拳要擰腰順肩，連環出擊，做到疾如閃電，快似雷鳴，力貫擊打的拳面。

第十一式　小打虎勢

承上式。身體重心後移；左腿屈膝回收，左腳腳尖點地，右腿支撐體重，雙腿成左虛步；同時，左臂內旋，左拳向下栽於左大腿處；右臂回收，向上架於頭上方，拳心朝向右方，兩臂微屈。雙眼前視（圖2-65）。

圖2-65

【要點】

左腳撤步及時，反應敏捷，並與栽拳、架拳協調進行，雙腿虛實分明，五趾抓地。拳上架時臂微屈成弧形，抖腕擰臂，挺胸拔背。

第十二式　猛虎出洞

承上式。身體快速左轉，雙腿用力蹬地騰起，在空中分

圖2-66

開，落地後雙腳五趾抓地，兩腿屈膝成馬步；雙拳收抱於腰間，兩肘夾肋，拳心朝上。眼向右平視（圖2-66）。

　接著，身體向右傾斜，重心右移；右腿挺膝站立，以右腳支撐體重；同時，左腿屈膝提起，足尖內扣；雙拳向右上方探擊，拳眼相對，兩臂成弧形。雙眼視右前方（圖2-67）。

【要點】

　轉身跳起疾速，騰空要高，落地輕靈，雙腳五趾抓地，重心安穩。頭正身直，探擊時支撐腳要立根如磐石，絲毫不動，意氣力相合，力達拳面。

89

圖 2 - 67

第十三式　老虎蹬山

　承上式。身體突然左轉，右腳支撐身體重心，腿微屈曲；左腳向左側用力蹬出，腳尖回勾，與胸同高；同時，右拳收抱於腰間，拳心向上；左臂伸直，向下掄臂於襠前，拳眼朝前。雙眼視左腳（圖2-68）。

圖 2 - 68

圖 2-69

圖 2-69 附圖

【要點】

轉身疾速,並與蹬腳掄臂同時進行。蹬腳要快而有力,力達腳跟。重心安穩,身體要正直,不左右傾斜。頭頂頸豎,含胸拔背。

第十四式　羅漢睡覺

承上式。左腳向前落步,右腳經左腳向前上步,身體隨之左轉,左腳向右腳後插步成歇步;同時,右臂向前畫圓,屈肘護於右肩處,拳心朝後;左臂向後直撥格擋,拳心斜向後方,頭正身直。眼向前平視(圖 2-69、圖 2-69 附圖)。

【要點】

進步疾速、靈活,歇步安穩,身體盡量圓背含胸。動作連貫自然、上下協調,疾如旋風,靜似山岳。

圖 2-70

圖 2-70 附圖

第十五式　馬步擊掌

承上式。身體直起，並以腰為軸向右轉，兩腳隨之右
碾，左右平行開立，腳尖朝前，雙腿屈曲下蹲成馬步；同
時，右拳變掌，經腰間向右側擊出，掌指朝上，力達掌外
沿，與鼻同高；左臂屈曲抬起，左拳變立掌，護於右胸前，
掌心向右，掌指朝上，頭右轉。目側平視（圖 2-70、圖 2-
70 附圖）。

【要點】

身體自然靈活，重心牢穩，上下協調。右臂曲而不曲、
直而不直，肩要鬆沉，開胯圓襠。

第十六式　旋風飛腳

承上式。雙腳用力蹬地，身體騰空拔起，並由右向左扭轉 180°，左腿屈曲外擺，右腿直膝向左裡合，並以左掌在體前拍擊左腳內側，右臂伸直，手掌自然側伸，拇指朝上。目視右腳（圖 2-71）。

圖 2-71

【要點】

92

撐腰轉身，騰空高而飄，左掌拍腳要響亮。頭頂頸豎，鬆肩提氣，內外相合。動作疾速、乾脆，且充分運用腰的撐轉勁，做到以臂帶肩、以肩帶腰、以腰帶胯。

第十七式　童子拜佛

承上式。左右腳依次著地，並平行分開，距離與肩同寬，腳尖朝前，雙腿屈膝下蹲成馬步；身體正直向前，兩臂屈曲，腋下虛空，雙手合掌於胸前，掌指朝上，與鼻同高。目視雙手中指尖（圖 2-72）。

【要點】

雙腳五趾抓地，身體平衡、安穩。動作要輕靈，裹膝圓襠，膝不超過足尖。頭正、身直、心靜，沉肩墜肘，虛領頂勁。

圖 2-72

圖 2-73

第十八式　羅漢守門

　　承上式。左腳向右腳後疾速插步，腳尖點地，右腳全腳掌著地，站立不動，腳尖外撇，左腿前側與右大腿後側相貼靠，臀部坐在左小腿後處，雙腿屈膝下蹲成右歇步；同時，雙臂向兩旁畫圓後，於體前屈曲交叉，兩腕部相貼靠（左內右外），掌心朝外，頭向左轉。目視左方（圖2-73）。

　　【要點】

　　身體中正，重心安穩，沉肩墜肘，含胸斂臀。動作疾速、緊湊、虛實相間，周身協調，一氣呵成。

第十九式　羅漢伏虎

　　承上式。身體迅速上移站起，頭正頸直，左腿挺膝直

圖 2-74

圖 2-75

立，全腳掌著地，支撐身體重心；右腿屈膝提起，腳尖內扣護襠；同時，左臂在體前向上畫弧穿出，直臂伸掌，掌心朝右；右手握拳收於腰間，頭轉向左方。目視左前方（圖 2-74）。

接著，右腳向下跳落，全腳掌著地，五趾抓地，同時身體下沉，右腿屈膝全蹲，左腿疾速向左方鏟出成仆步；身體微前俯，左掌以掌外沿為力點，向左下方切擊，手指朝前，掌心向下；右臂緊貼於肋部，右拳收於腰間，拳心朝上。目視左掌（圖 2-75）。

【要點】

支撐腳要五趾抓地，保持重心的平衡，不可使身體左右傾斜或晃動。扣腳、裹膝、斂襠，以防襠部受擊。左掌併攏伸直，直臂挺腕，肩關節要圓轉自如，不可僵滯；切擊要凶狠，力貫掌外沿。整個動作應快速、敏捷、連貫。

第二十式　羅漢守門

動作要領同第十八式，惟方向相反（同圖 2-73）。

第二十一式　羅漢伏虎

動作要領同第十九式，惟方向相反（同圖 2-74、圖 2-75）。

第二十二式　羅漢護身

　　承上式。身體右轉；右腳經左腳內側向後撤步落實，全腳掌著地，五趾抓地；左腳略微後移，腳跟提起，腳尖內側點地，兩腿成虛步；同時，右臂屈曲，回收於胸前；左手順右臂下向前穿出，臂微屈，左臂與鼻同高，右手護左肘內側。目視左手（圖 2-76）。

【要點】

　　撤步迅速、靈活，並與穿掌協調進行。身體正直，含胸拔背，頭頂頸豎，沉肩墜肘，合胯裹膝。雙手防護須嚴密、緊湊。

圖 2-76

第二十三式　騰空飛腳

承上式。右腳經左腳裡側上步助跑，隨之左腿在體前屈膝上提，身體順勢騰空而起，右腳在體前彈踢，力達腳面；同時，右手手背與左手手心於頭上方相合擊，然後，左臂伸直側舉，掌指併攏側伸，掌心朝下；右掌心向下拍擊右腳面。目視右手（圖2-77）。

圖 2－77

【要點】

助跑疾速，步靈體輕，騰空要高，拍擊準確、響亮，姿勢優美，彈跳疾速，凶猛。動作自然、輕靈，周身協調，一氣呵成。

第二十四式　羅漢聽經

圖 2－78

承上式。左腳著地，腳尖內扣45°，大腿挺膝蹬直；右腳前落踏實，腳尖朝前，右腿屈曲下蹲接近水平，雙腿成右弓步；同時，身體以腰為軸右轉；左臂微屈並順擰腰轉動之勁向右橫擺擊打，拳心朝下，力貫於左拳；右臂向後掄擊，拳心朝下，兩臂曲而不曲、直

而不直，與胸同高。目視左拳
（圖 2-78）。

接著，身體以腰為旋轉
軸，疾速向左擰，身體重心移
降至右腳，腳掌著地，五趾抓
地，右腿屈膝蹲平，左腿屈膝
提起，小腿盤放於右大腿上，
足弓朝上，腳掌朝右；左臂內
旋回擺，栽放於左腿上，拳心
朝外，臂微屈；右臂隨之向上
架於頭頂，拳心斜向上。目視
左方（圖 2-79、圖 2-79 附
圖）。

圖 2-79

【要點】

上身正直，挺胸拔背，橫
擊要充分運用腰力，腰要活，
體要靈。左腿盤放要展髖、開
襠。栽拳要快速，架拳要抖
腕。重心安穩，動作自然圓
活，勢正勁遒。

圖 2-79 附圖

第二十五式　猛虎入洞

承上式。身體快速右轉；左腳在右腳內側下落震腳並踏
實，腳尖微外撇，全腳掌著地，大腿用力蹬地，挺膝伸直；
右腳隨之向前落步，全腳掌著地，大腿屈膝蹲平，腳尖朝

前，五趾抓地，兩腿成右弓步；同時，身體向右側傾斜，重心略向前移至右腳，拳從腰間向前衝出，兩臂屈曲成弧形，拳眼相對，勁力貫雙拳拳面，頭略上仰。眼從雙拳中間向前平視（圖2-80）。

圖2-80

【要點】

身體變換要快速、靈活，震腳用力、乾脆，五趾抓地，重心須安穩。衝拳要快、準、狠，以意行氣，以氣催力。動作連貫協調，剛中寓柔。

第二十六式　五花坐山

承上式。右腳快速提起，經左腳向左跳步，全腳掌落地踏實，五趾抓地；左腳隨之向左開步，全腳掌著地，重心落於雙腿中間，雙腿屈膝蹲平成馬步；同時，左臂向左下、往上至下，右手臂向左、往下經右再朝上，同時進行繞圓畫弧運動，右手至頭頂時抖腕上架，臂屈曲，拳心朝斜上方，左拳則栽放於膝上，口發「威」音。目向左平視（圖2-81）。

【要點】

跳步輕靈牢固，重心平穩，馬步標準。雙臂運動要成圓形，不可相互磕撞，抖腕架拳要突然威武，氣勢雄偉。發音須洪亮渾厚，並與架勢相配合，不可先發聲或動作定型後再

圖 2-81

圖 2-82

發聲。整個動作須連貫緊湊，協調而有力，做到剛柔相濟，陰陽相間，不可僵硬或鬆散。

99

第二十七式　收　勢

承上式。身體自然，頭正肩平；左腳回收於右腳處，雙腳併攏緊靠，腳尖朝前，兩腿挺膝直立；同時，雙手經體側緩緩抬起，在胸前合掌，指尖朝上，目視中指尖；然後，雙手下落，收於大腿兩側，中指貼於褲縫上。眼睛向前平視（圖 2-82）。

【要點】

動作時要心平氣和，緩緩而行，周身協調統一。身鬆體柔，意氣相合，氣沉丹田，內外合一。

第四節　少林二郎拳動作圖解

一、少林二郎拳動作名稱

第 一 式　預備勢
第 二 式　扣步推掌
第 三 式　提膝勾手
第 四 式　併步貫耳
第 五 式　仆步砸拳
第 六 式　弓步架打
第 七 式　扣步插掌
第 八 式　提膝挑打
第 九 式　歇步切掌
第 十 式　單旋飛腳
第十一式　丁步推掌
第十二式　轉身亮掌
第十三式　馬步砸拳
第十四式　歇步繞掌
第十五式　摟手沖拳
第十六式　轉身鞭拳
第十七式　掩肘穿掌

第 十 八 式　仆步穿掌
第 十 九 式　提膝亮掌
第 二 十 式　騰空插掌
第二十一式　勾手推掌
第二十二式　撩腿沖拳
第二十三式　丁步砸拳
第二十四式　二郎擔山
第二十五式　馬步雙擊
第二十六式　震腳推掌
第二十七式　仆步穿掌
第二十八式　提膝亮掌
第二十九式　騰空插掌
第 三 十 式　勾手推掌
第三十一式　連環踹腿
第三十二式　虛步護掌
第三十三式　收勢

二、少林二郎拳動作圖解

第一式　預備勢

身體自然放鬆，正直朝前；兩腿挺膝伸直，雙腳併攏站立，腳尖向前；兩臂下垂於身體兩側。頭正頸直。目視前方（圖2-83）。

【要點】

頭頸正直，下頜微收。虛領頂勁，沉肩墜肘，精神貫注，心澄目潔。

圖2-83

第二式　扣步推掌

承上勢。左腳向前邁進一步，大腿前弓；右腳腳尖自然外撇45°，挺膝伸直成左弓步；同時，雙臂向前交叉架出，臂微屈，右掌在外，左掌在內，掌心斜向下，掌外沿朝前。眼向前平視（圖2-84）。

接著，左腳不動，右腿屈

圖2-84

膝前提,右腳尖回勾於左膝膕
窩處;同時,兩臂以肩為軸,
向外畫半圓經腰間向前擊出,
掌指朝上,力達掌外沿。目視
雙掌(圖2-85)。

【要點】

上步快速、敏捷,並與手
臂交叉同時進行。擊掌要有爆
發力,以意行氣,氣力達於掌
外沿部位。支撐腳五趾抓地,
重心平穩,扣膝牢固。頭正頸
直,含胸拔背,沉肩墜肘。

圖2-85

102

第三式　提膝勾手

接上式。右腳向後退步落
實,全腳掌著地,五趾抓地,
挺膝直立支撐體重;左腿屈膝
上提,腳尖內扣,護於襠處;
同時,雙手變成鉤尖朝上。目
前平視(圖2-86)。

圖2-86

【要點】

退步、提膝同時進行,動作敏捷、協調。勾手在疾速、
乾脆。重心要牢固,身體不可傾斜。

第四式　併步貫耳

接上式。左腳向前落步，右腳跟進，雙腿挺直，成併步站立；同時，雙臂由後向前上方屈曲貫擊，兩肘外撐，與肩同高，拳面相對，拳心向下。目視左前方（圖2-87）。

圖2-87

【要點】

上步連貫自然，五趾抓地，重心平穩。貫擊要前臂擺平，力達拳面。挺胸抬頭，沉肩墜肘。

第五式　仆步砸拳

接上式。右腳不動，右腿屈曲下蹲，左腿直膝向左側平仆伸出，腳尖內扣，雙腿成左仆步；右上臂內旋，貼靠於肋部，前臂豎起，護於右胸前，

圖2-88

拳面向上，拳心朝後；同時，左拳向下砸擊於襠前，沉肩直臂，拳面朝下，拳心向前。目視左前方（圖2-88）。

【要點】

姿勢標準，力量沉穩，動作迅速乾脆。砸擊要狠，力達

拳背。

第六式　弓步架打

接上式。身體快速向左
轉；左腿屈膝前弓，右腿挺
膝蹬直成左弓步；同時，左
臂略屈向頭上方架出，左拳
心朝前，拳眼向下；右拳經
腰間向前擊打，拳心向下，
直臂沉肩。目視右拳（圖
2-89）。

圖 2-89

104

【要點】

弓步標準，五趾抓地，重心平穩。架臂與沖拳同時進
行，全身協調。動作乾脆有力，連貫自如。

第七式　扣步插掌

接上式。左腳不動，右腳迅速向前提起並扣於左膝「窩
處；同時，左拳變掌，向下壓蓋，掌心向下，左臂屈曲於胸
前；右拳變掌，由下經體前畫弧向前下方插出，右臂伸直在
左掌上方，右掌掌心朝左側，掌指斜向下方。目視右掌（圖
2-90）。

【要點】

左腳五趾抓地，重心安穩，扣膝須牢。壓蓋要柔和自
然，插掌以意使氣，氣達指尖。動作連貫協調，一氣呵成，

圖 2－90

圖 2－91

剛柔相兼，凶猛無比。

第八式　提膝挑打

接上式。右腳在左腳內側震腳落步，全腳掌著地，直腿挺膝支撐身體，左腿屈膝上提，腳內扣護襠；同時，左手變拳，臂直肩沉，向前上方挑起，拳與鼻同高，拳眼朝上；右手成拳，護於左肘處，右臂略屈，拳眼向上。目視左拳（圖2-91）。

【要點】

震腳有力，提膝疾速，重心平穩。挑拳要有爆發力，力達左拳。整個動作協調連貫，剛勁有力。挺胸抬頭，沉肩墜肘。

圖 2－92   圖 2－93

第九式　歇步切掌

接上式。左腳前落，腳尖外撇，全腳掌著地，右腳跟提起，前腳掌著地成左歇步；同時，左臂略屈，左拳變掌收於腰間，掌心朝上；右掌向前下方砍切，右臂微屈，掌心向下，掌指斜向前方，與腹同高。目視右掌（圖 2-92）。

【要點】

步型標準，重心穩似磐石。砍掌快速有力，以意行氣，氣到力發，力達於掌外沿。挺胸塌腰，身擰臀斂。

第十式　單旋飛腳

接上式。身體直立，並以腰為軸向左轉；左腳向前活步，右腳順勢向左裡合；左掌在腰間不動，右掌隨動作而自

圖 2 - 94

圖 2 - 95

然擺動。目視右腳（圖2-93）。右腳在左腳內側落下，併攏站立；右掌上架於上方，掌心向前。目前平視（圖2-94）。

【要點】

活步敏捷、穩固，裡合腳要腳尖回勾，動如旋風，快似閃電，挺膝直腿。右掌上架要抖腕，動作須連貫乾脆，一氣呵成。

第十一式　丁步推掌

接上式。右腳向前側方跳起落步，全腳掌著地，五趾抓地；左腳跟進，貼靠於右足弓處，腳尖點地，腳跟提起成丁步；右手與左手在體前向裡挽一小圈，接著左手成鉤手向後平伸，鉤尖朝下；右掌用力向前擊出，掌指朝上，掌外沿向前，臂似曲非曲，似直非直。目視右掌（圖2-95）。

【要點】

跳步輕靈、穩健，重心平穩。雙手挽圈要柔和、自然，擊掌力大勁道，以腰發力，力達掌外沿。

第十二式　轉身亮掌

接上式。左腳向後撤步，右腳跟進併攏站立，挺膝伸直，腳尖朝前；同時，右掌收

圖 2-96

回，經腰間在頭上方亮掌，掌指朝左，掌心向前，右臂微屈；左掌收於腰間，掌心朝上，掌指向前。目視前方（圖2-96）。

【要點】

撤步疾速、靈活，五趾抓地，重心平穩。亮掌抖腕、鬆肩。動作連貫自如，一氣呵成。挺胸抬頭，沉肩墜肘。

第十三式　馬步砸拳

接上式。左腳向左開步，兩腳距離略比肩寬，腳尖朝前，屈膝下蹲成馬步；同時，左手成拳，提於左胸前，上臂貼肋部，左臂屈曲，拳心朝裡，拳面向上；右手變拳，下砸於襠前，拳面朝下，拳心朝前。目視右拳（圖2-97、圖2-97附圖）。

然後，右拳上提胸前，上臂貼肋，前臂豎起向上，拳面

圖 2 – 97

圖 2 – 97 附圖

朝上，拳心向裡；左拳砸於襠前，左臂伸直。目視左拳（圖2-98）。

【要點】

馬步平穩，開胯裹膝，圓襠斂臀。砸拳力猛勁實，爆發力強，力達拳面，動作疾速、輕靈，神威外顯，勢如金剛。

第十四式　歇步繞掌

圖 2 – 98

接上式。身體疾速右轉；右腳後插時腳掌著地，後腳跟提起，左腳不動成左歇步；同時，雙手變掌，在體前由上往裡、向上繞圈三周，然後，右掌心朝前，左掌心對右掌背，兩手在體前橫掌。目視右掌（圖2-99）。

圖 2-99

圖 2-100

【要點】

插步輕靈、俐落，步型標準，重心平穩。身正體直，挺胸沉肩，肘外撐。繞圈時連貫、柔和，心平氣和，力達右掌。

第十五式　摟手沖拳

接上式。身體左轉 90°，重心後移到右腳，左腿伸直側仆，雙腳腳掌皆著地，兩腿成左仆步；同時，右手變拳，收於腰間，拳心朝上；左掌立於右胸前，左臂微屈，掌指朝上，掌心向外。目視左方（圖 2-100）。

上動不停。身體速起左轉，兩腳活步，雙腿屈曲下蹲成半馬步；同時，左手向前畫弧摟出，右拳不動（圖 2-101）；接著，左腿前弓，右腿挺膝蹬直成左弓步；左手握拳，收於腰間，拳心向上，右拳從腰間向前沖出。目視右拳

圖 2 – 101

圖 2 – 102

（圖 2-102）。

【要點】

轉身敏捷、迅速，身活體鬆。步穩，勢正，牢似磐石。摟手柔中有剛，肘臂略屈，與胸同高。沖拳時擰腰順肩，力達拳面。動作巧妙緊湊，不可僵硬緩滯。

第十六式　轉身鞭拳

接上式。身體以腰為軸，疾速向後轉動，腳隨之轉動，右腿屈曲前弓，左腿挺膝蹬直成右弓步；同時，右臂伸直，拳向後掄掃；左臂屈曲，左拳護於右胸前，兩拳拳眼朝上。目視右拳（圖 2-103）。

【要點】

身體轉動靈敏圓活，步法快速穩健，重心平衡要掌握好。右臂後掃要快速、凶狠，力達拳面。

圖 2－103　　　　　　　　　圖 2－104

第十七式　掩肘穿掌

接上式。身體由右往後轉，腳亦跟著轉動，左腿屈曲前弓，右腿挺膝伸直成左弓步；同時，右臂豎立內旋，並向左格擋，拳面朝上，拳心向裡，與鼻同高；左拳附於右肘內側。目視右前臂（圖 2－104）。

上動不停。雙拳變掌，右掌向下壓蓋於左腋下，掌心朝下，右臂屈曲；左掌經右前臂上向前穿出，掌心朝上，力達指尖。目視左掌（圖 2－105）。

【要點】

轉身敏捷、疾速，腰活體輕。腳轉圓活、自然，重心平穩。格擋時，剛中寓柔，不可僵硬。穿掌快、準、狠，以意行氣，以氣發力。動作連貫自如，勁力飽滿。

圖 2–105

圖 2–106

第十八式　仆步穿掌

接上式。身體右轉，重心下降；左腿屈蹲，右腿挺膝側伸成右仆步；同時，左臂伸直微屈，與頭同高；右掌經腹前向右下方穿出，立掌直臂。目視右掌（圖 2-106）。

【要點】

轉體靈活巧妙，圓滑協調。動作標準順達，精神飽滿。開胯展膝，挺胸塌腰。

第十九式　提膝亮掌

接上式。身體重心前移；左腿挺膝蹬直，右腿屈膝蹲平成右弓步；右掌前伸，與胸同高，左鉤手不動，直臂沉肩。目視右掌（圖 2-107）。

圖 2–107　　　　　　　　　　圖 2–108

接著，右腳突然蹬地，身體重心移至左腿，右腿屈膝提起，腳尖內扣，左腿挺膝伸直，五趾抓地；同時，右掌疾速抽回至右膝內側亮掌，右臂屈曲，掌指朝上，掌心向左；左臂不變。目視右掌（圖 2-108）。

【要點】

弓步與伸臂是過渡動作，應柔和圓潤，動似行雲流水。蹬地提膝要疾速乾脆，支撐腳須牢固，重心牢穩。右掌回抽要抖腕，手腳配合協調，不可遲緩脫節。

第二十式　騰空插掌

接上式。身體重心前移，左腳不動，右腳向前落步，左腿挺膝伸直，右腿屈膝成右弓步；同時，右掌向前插擊，掌指朝前，右臂略屈，力達右掌指；左手不變。目視右掌（圖 2-109）。

圖 2 – 109

圖 2 – 110

　　然後，左腳快速蹬地向上跳起，身體右轉騰空，左腿向前方提膝，腳面繃直，右腿亦隨之提起騰空；同時，左手前插，掌指朝前，手心向右，與鼻同高；右臂在胸前防護。目視左掌（圖 2-110）。

【要點】

　　弓步與插掌要同時進行，落步須平穩。插掌要短促有力，力達指尖。動作須輕靈似猿，敏捷緊湊，一氣呵成。

第二十一式　勾手推掌

　　接上式。身體正直，左腳先著地，右腳隨之下落，腳尖略向外撇，全腳掌著地，然後左腳再向前邁出一步，腳尖點地，雙腿屈膝下蹲成左虛步；同時，左手變鉤手，由前往下、向後畫弧勾摟，直臂鬆肩，鉤尖朝上；右掌用力向前推擊，力達掌外沿，掌指朝上，與胸同高。目視前方（圖 2-

111）。

【要點】

落地輕靈穩健，換腳協調疾快。勾手與推掌同時進行，動作須快速剛烈，勢猛勁遒，一氣呵成。

第二十二式　撩腿沖拳

接上式。兩腳不動；雙手變拳，左臂伸直收於襠前，左拳心朝裡；右拳收於腰間，拳心朝上（圖2-112）；右腳全腳掌著地，並支撐身體，腿直膝挺站立，五趾抓地，左腿向左上方撩踢，腳尖回勾；同時，右拳收於腰間不動，左臂以肩關節為軸，向上方直臂撩出，左拳心向下。目視左腳（圖2-113）。

然後，左腳向側方落步踏實，右腳經左腳向前上步，右腿屈膝弓平，左腿挺膝蹬直成右弓步；同時，左臂向後直伸，右拳從腰間向前沖出，雙臂似直非直，似曲非曲，兩拳心均朝下。目視右拳（圖2-114）。

【要點】

撩拳與起腿要同時進行，勢如破竹，乾脆俐落，力達足

圖2-111

圖2-112

圖 2-113

圖 2-114

尖。落腳與上步必須疾速連
貫，重心平穩；沖拳時擰腰順
肩，力達拳面。沉肩墜肘，合
胯斂臀。

第二十三式　丁步砸拳

圖 2-115

接上式。身體重心降低，
並略向右轉；左腳不動，屈膝
下蹲，右腳收於左足弓處，腳
尖點地；左拳收於腰間，拳心
朝上；右臂屈曲回收，以肘關節為軸畫弧向下砸拳於右腿側
方。目視右拳（圖 2-115）。

【要點】

頭正身直，沉肩墜肘；收腳迅速靈活，重心牢固；砸拳

圖 2–116

圖 2–117

剛勁有力，乾脆俐落，力達拳背。

第二十四式　二郎擔山

　　接上式。身體急速站起；左腳著地不動，直腿挺膝，支撐身體重心；右腳向側上方直腿撩起，腳尖回勾；同時，左拳收於腰間不動，拳心朝上；右拳在腹前逆時針運動，畫弧向上撩拳（圖 2–116）。

　　上動不停。身體右轉；右腳先向前落步；然後左腳經右腳向前邁步踏實，全腳掌著地，腳尖外撇，重心落於左腳上；右腳再向左腳後插，前腳掌著地，腳跟提起；同時，雙拳向外成弧形運動於腹前交叉（左裡右外），拳心朝內。目視右拳（圖 2–117）。接著，右腿向右進一步成馬步，直臂外撩，拳心朝下，力達拳面，與肩同高。目視左掌（圖 2–118）。

【要點】

撩擊迅速、凶猛，剛柔相
濟，忌用僵力拙勁。動作快速
靈活，拳隨腳行，腳跟拳動，
連攻帶守，一氣呵成。

第二十五式　馬步雙擊

接上式。身體正直，兩腳
以前腳掌為軸疾速後轉，大腿
屈膝下蹲成馬步；同時，左拳

圖 2－118

變掌，向胸前運動，並與右拳相抱，拳同胸高，雙肘臂屈
曲，眼視右拳（圖 2－119、圖 2－119 附圖）。

然後，身體以腰為樞紐發六合整力；兩臂伸直向後快速
抖擊，力達拳背，拳心朝前。目視右掌（圖 2－120）。

圖 2－119

圖 2－119 附圖

圖 2-120　　　　　　　　　圖 2-121

【要點】

身體靈活自然，轉動快速，無僵滯之弊病；馬步時要五趾抓地，重心牢固安穩；抖擊時要渾身發勁，猶如獅子抖毛，威風凜凜。

第二十六式　震腳推掌

接上式。身體右轉；右腳疾速向左腳內側震腳，右腿微屈，全腳掌著地，腳尖外撇；左腿屈膝上提，腳尖朝前；同時，左拳變掌，在體前下蓋，左臂略屈，掌指朝右，掌心向下；右拳收於腰間，拳心朝上。目視左掌（圖 2-121）。

上動不停。左腳向前上步落實，左腿屈膝弓平；右腿挺膝伸直成左弓步；同時，右拳變成立掌向前推出，臂曲而不曲、直而不直，力達掌外沿；左臂屈曲，左掌附於右腋下，掌心向下。目視右掌（圖 2-122）。

【要點】

震腳乾脆有力，邁步沉穩自然。蓋壓柔和順達，身法靈巧緊湊。推力發達短促，勢猛勁緊，氣發丹田。

第二十七式　仆步穿掌

動作要領及要點同第十八式，請參閱前文說明（圖2-123）。

圖2-122

第二十八式　提膝亮掌

動作要領及要點同第十九式，請參閱前文說明（圖2-124）。

圖2-123

圖2-124

圖 2－125

圖 2－126

第二十九式　騰空插掌

動作要領及要點同第二十式，請參閱前文說明（圖 2-125）。

第三十式　勾手推掌

動作要領及要點同第二十一式，請參閱前文說明（圖 2-126）。

第三十一式　連環踹腿

接上式。身體快速向左轉，左腳活步，腳尖外撇，全腳掌著地，左腿略屈支撐體重；右腳以腳掌為力點，向前下方

圖 2-127

圖 2-128

踹出；同時，左手變拳護胸，左臂屈曲外撐；右手變拳，向下格擋，拳與腰同高。目視右腳（圖 2-127）。

　　上動不停。身體微向左側傾，右腳立即順勢急速向右上方踹出，與頭同高；左拳不動，右拳自然擺動。目視右腳（圖 2-128）。

【要點】

　　活步牢穩敏捷。踹腿連貫凶狠，沉重剛烈。用拳防守要嚴密，並配合腿的發力。

第三十二式　虛步護掌

　　接上式。身體重心右移，右腳落地踏實，五趾抓地；左腳尖虛點於地，兩腿屈膝成左虛步；同時，兩臂以肩為軸，在體側進行逆時針環繞一周，左手成立掌，在體前護守，掌指斜朝上；右拳護於左肘內側，兩臂略屈。目視左掌（圖

圖 2－129　　　　　　　　　圖 2－130

2-129）。

【要點】

步法沉實穩健，虛實分明。身鬆體順，腰活臂實。立掌抖腕，沉肩墜肘，裏膝扣襠。

第三十三式　收勢

接上式。身體直起，正直朝前；左腳收於右腳內側併攏，挺膝直立，全腳掌踏實，五趾抓地；同時，雙手變掌，收於體側，兩臂伸直，自然下垂。目視前方（圖 2-130）。

【要點】

頭正身直，口齒微閉，下頷微收，呼吸自然。含胸拔背，鬆肩垂肘，精神貫注，氣沉丹田。

第三章

少林武術實戰技術

>>>>>>>>>>>>>>>>>>>>>>>>>>>>>>>>

第一節　實戰姿勢

　　實戰姿勢是指對敵實戰過程中，身體所保持的基本預備姿勢，它不僅是衡量實戰技術的標準，而且是影響技術發揮及勝敗之關鍵所在。同時它又是保持步法靈活、步型穩定、控制身體重心、施技攻擊敵人的重要姿勢。技擊中應做到防能嚴密無隙、殺機暗藏，攻能靈巧多變、凶狠無比。強調攻防兼顧，可剛可柔，進可攻，退能攻，進亦守，退亦守，進退靈活自如，減小自己的受攻面積，將全身防護得猶如金鐘罩體一樣，使對方無隙可乘，不知所措。

　　實戰姿勢可為攻擊敵人奠定良好的基礎，所以，實戰姿勢是取勝的重要因素之一。

實戰歌訣曰：

　　　　內動外靜渾圓求，身鬆體舒意氣整。

　　　　重似千鈞輕如燕，神機算盡撐八面。

　　由立正姿勢開始，左腳向前邁一步，全腳掌著地，腳尖

略內扣；右腳腳掌著地，腳尖向外撇 45°，兩腳距離與肩同寬，雙腿微屈曲，身體重心落於兩腳中間；兩臂抬起，左前右後，左臂屈成 90°，左拳與鼻同高，拳心朝向斜下方，右臂約曲 50°，拳在下頜處防守，拳心稍朝斜下方；身體中正，自然安舒，頭頂頜收，沉肩墜肘，含胸拔背，氣沉丹田。雙目注視前方（圖 3-1）。

【要點】

身體應自然放鬆，特別是肩、肘部位不可緊張僵硬。雙拳不要用死力緊握。動作協調完整，上下照應。外示安逸、內實精神。形鬆意緊，蓄勁於身。意氣平和，閉嘴叩齒，下頜微內收。體重均勻地分到雙腳上。

126

第二節　實戰基本技術

一、手法

少林手法是技擊中所運用的拳、掌等上肢技術方法的統稱。

歌訣曰：

> 少林手法七妙靈，起落守法曲直攻，
> 刻後手如燕取水，起前手似鷂鑽林，
> 猛攻嚴守兩手護，落如分磚起如風，
> 發手好似虎撲羊，非曲非直活像龍。

圖 3－1

圖 3－2

（一）拳法

1.直拳

　　敵我格鬥。我快速趨步進身，左腳靈活上步，右腳跟進，雙腿微屈，重心略偏於前腳；同時擰腰順肩；右拳向前直擊敵胸，拳心朝下，力達拳面；左臂屈成 90°，左拳護於下頜處，拳心斜向下。二目視敵（圖 3-2）。

　　【要點】

　　上步靈活、疾速，五趾抓地，重心平穩。擊打時擰腰發力，力達拳面，直擊直發，快攻快收。含胸拔背、沉肩墜肘，下頜微內收。動作協調、自然，連貫如一，擊拳前不可有拉臂之預兆動作。

圖 3－3　　　　　　　　　　　　圖 3－4

2. 擺拳

敵我格鬥。我兩腳向前活步，重心前移，雙腿略屈；同時，身體含胸前俯，向右略微擰腰轉胯；左臂內旋，以拳面為力點，向前、向右進行弧形擊打敵之頭部，拳心朝下；右拳在胸前防守。雙眼視敵（圖 3-3）。

【要點】

動作靈活自然，周身協調一致。拳擊成弧形運動，幅度要小，不可有多餘動作，並借助後腳的蹬地力量及擰腰轉髖的力量擊出。

3. 勾拳

敵我格鬥。我左腳向前上步，右腳跟進；同時身體略向左擰腰轉身；右臂微屈，右拳由下向前上勾敵之上體部位，拳心朝裡；左臂屈曲，左拳護於下頜處（圖 3-4）。

【要點】

上步安穩，五趾抓地，雙腿微屈；周身協調自然，勾擊要準、狠、穩，充分借助腿的蹬勁和轉腰的旋轉力量。不可有預兆動作。

4.栽拳

敵我對峙。我雙腿屈曲下蹲，身體重心降低；左腳在前，全腳掌著地，右腳跟提起，前腳掌著地；同時，身體含胸收腹，迅速以右拳向敵腹擊打，拳面朝下，左拳護於下頜處。二目視右拳（圖3–5）。

【要點】

動作完整連貫、協調自然，周身不可鬆懈。擊拳要充分利用腰勁，氣力合一，力達拳面。

5.撩拳

敵我格鬥。設敵在身後攔腰臂將我抱住時（圖3-6），我立即兩臂外撐，使之摟抱鬆懈，然後身體略後轉，右拳以拳輪為力點，由前往下、向後撩擊敵襠，敵必傷殘。二目視

圖3–5

圖3–6

129

拳（圖 3-7）。

【要點】

兩臂外撐要圓、猛、快。後撩以腰發力，力貫右拳輪，要準、狠、穩。動作必須連貫協調，乾脆俐落。

（二）掌法

1.穿掌

圖 3-7

敵我格鬥。設敵以右直拳擊我頭、面部位時，我迅速屈左臂向外架格其前臂，使之攻擊失效；同時右手變掌，掌心向下，以指梢為力點，向前穿擊敵人的咽喉部位（圖 3-8）。

【要點】

架格疾速，穿擊要突然、準確、凶狠，動作乾淨俐落，一擊便發。以意使氣，氣貫指梢。

圖 3-8

2.砍掌

敵我格鬥。設敵以右直拳擊我上身部位時，我立即靈活向側方上步；同時，左前臂上架敵拳，使之攻擊失效（圖

圖 3－9

圖 3－10

3-9）；然後，身體略向左
轉發力，右掌由上向左斜下
砍擊敵之頸部，力貫右掌掌
外緣。目視擊敵部位（圖
3-10）。

【要點】

架擋及時快捷、剛中有
柔，重心沉實穩健。砍擊要
穩、快、狠，爆發力要強。

3. 擊掌

圖 3－11

敵我格鬥。設敵以右拳擊打我時，我立即上步進身，並
以左臂外格擋敵之拳，使其攻擊失效（圖 3-11）；同時，
我身體以腰為軸，微向左旋轉發勁，勁貫右掌，以掌根部位
為力點，向前擊打敵之心窩部位，敵必受到重創（圖 3-

圖 3－12

圖 3－13

12）。

【要點】

格擋要快而準，擊打要及
時，猛而狠。動作協調連貫，
自然灑脫，一氣呵成。

4.卡掌

敵我格鬥。設敵以右直拳
擊打我頭、胸部位時，我立即
靈活向前上步，以左前臂向外
格擋敵之拳，使其攻擊失效

圖 3－14

（圖 3-13）；同時，擰腰轉身，右掌虎口朝前，手心向
下，成八字掌向前叉出，用力卡住敵之咽喉部位，使其窒
息。目視敵方（圖 3-14）。

132

【要點】

上步靈活快速、連貫自如，重心安穩沉實。反應敏捷，格擋及時，卡掌要直腕豎指。動作凶狠，周身協調用力，重在一擊取勝。

圖 3–15

二、步 法

拳諺曰：「打拳容易，走步難」「步法練得精，交手必定贏」。步法是少林技擊最重要的基本功法之一。交手實戰時，凡攻擊、防守動作技法皆依賴步法完成，故應認真研習演練，揣摩其精義，「要習之純熟，用之無心，方顯其妙」。

133

步法歌訣曰：

> 少林步法妙如神，五尺站步二弓準，
> 距臨丈餘跳踐步，寸站快箭速輕穩，
> 近則寸步速上前，形如虎竄飛馬奔。

1.進步

由實戰姿勢開始。身體正直，看正似斜、看斜似正；兩腳前後開立，略比肩寬，右腳尖外撇 45°，左腳尖朝前略內扣，雙腿略屈成實站步；兩手自然防守於體前；右腳快速提起，經左腳向前上步，全腳掌著地；左腳隨之自然跟進半步。目視前方（圖 3–15）。

【要求】

進步疾速、敏捷。步幅不宜過大，重心安穩，動如閃電，靜似伏兔。要有一種自然灑脫、大無畏的精神。

2.退步

由實戰姿勢開始。身體自然朝前，雙手防護身體；左腳提起，經右腳向後疾速退步，右腳隨之自然而退，兩腳掌著地；右腳尖外撇 45°，左足尖朝前略內扣，雙腿略屈成實站步。目視前方（圖 3-16）。

圖 3－16

【要求】

退步靈活、自然，重心牢固。前腳退要快，後腳隨之緊跟。身體要自然，內外要統一。

3.閃步

圖 3－17

由實戰姿勢開始。身體自然正直，雙手防護於體前；右腳疾速向右斜方上步閃身，全腳掌著地，身體重心降低，然後帶動左腳隨之而進，腳跟提起，左前腳掌著地，雙腿屈曲下蹲；雙臂屈曲，自然防守。目視左方。此乃右閃步，左閃步反之（圖 3-17）。

【要求】

閃步疾速輕靈，步幅適中；合膝切胯，轉體圓活；身法敏捷自然，上下連貫、周身協調。

圖 3 – 18

三、腿 法

腿法是少林散手中最重要的技法，素有「手打三分，腿占七」和「手是兩扇門，全憑腿贏人」之說。最常用的少林技擊腿法有截、踹、鏟、彈、點、掃、撩等。

135

1.穿心腳（蹬）

由左實戰姿勢開始。身體自然側立；雙臂屈曲，手握成拳，防護於體前；左腿挺膝直立，支撐體重；右腿迅速屈膝向上抬起，高與胸平，以足跟為力點，向前快速蹬擊，腳尖朝上；雙手在體前成防守姿勢（圖 3-18）。

【要求】

支撐腿直中有曲，五趾用力抓地，重心穩固。身體正直，沉肩墜肘。挺膝展髖，腳尖回勾，蹬擊要凶猛乾脆，快發快收，一氣呵成。

【用途】

主要是攻擊對方的頭、胸、肋、腹、襠等部位。

2.虎尾腳（踹）

由實戰姿勢開始。身體略側傾斜，含胸拔背；兩臂屈曲，雙手握成拳防護在體前；左腿微屈支撐，右腿迅速屈膝提起，與腰同高，右腳尖回勾，腳外沿向上朝右踹出。目視前方（圖3-19）。

圖3–19

【要求】

五趾抓地要牢，支撐腿要穩。踹腿時要迅速，快發快收，富有爆發力，力達腳掌。

【用途】

主要是在防守反擊或截擊敵技時，踹擊對方頭、胸、腹、襠等要害部位。

3.前崩腳（彈）

彈腿具有凶猛、隱蔽性好、速度快和殺傷力強等特點。

由技擊實戰姿勢開始。身體安舒鬆靜，自然進入警戒狀態；左腿直立，支撐身體，全腳掌著地，五趾抓地；右腿屈膝抬起與腰平，緊繃腳面，然後快速挺膝向前彈踢，大、小腿成一直線，高度可隨彈擊的目標而定；雙手防護身體。目視前方（圖3-20）。

【要點】

身體要正，含胸塌腰。開髖展胯，重心安穩，挺膝繃腳，力達腳尖。動作要靈活自然，快發快收。

圖 3－20

圖 3－21

137

【用途】

彈擊對方的襠或腹等要害部位。

4.提皇腿（點）

在技擊實戰中，點腿可攻可守，運用自如，可使對手防不勝防，具有簡單實用、攻勢凶猛和變化莫測等特點。

由技擊實戰姿勢開始。左腿微屈，支撐於地，五趾抓地；右腿屈膝向上提起，腳面繃平，體略右傾，以腳尖為力點向右點擊，與胸同高；雙手防護身體。目視前方（圖 3－21）。

【要點】

點擊要快速短促，爆發力強。身體微側傾，支撐體重的腳要五趾抓地，重心要穩固。直腰、挺膝、展髖。

【用途】

高可點敵頭、胸，低可點擊敵襠。

5.掃腿

掃腿是技擊中旋轉性腿法，分高、中、低三種高度及前掃、後掃兩種姿勢，具有簡單實用、變化奇妙的特點。實戰時，可出其不意地將對手掃倒。

圖 3-22

由技擊實戰姿勢開始。身體潛伏，左腿迅速屈膝下蹲，同時以左腳的前腳掌支撐重心，腳跟提起；右腿伸直，以腳掌貼地；上體俯身含胸，雙掌按於地，然後以左腳為旋轉軸向後弧形轉動，運用腰勁使右腳向後掃擊。目視前方（圖 3-22）。

【要點】

掃腿要快速而凶猛，用力要整，上下協調，重心要穩固，掃後立即進入警戒格鬥狀態。

【用途】

實戰中可掃擊敵腿，使之仆倒於地。

6.蹶子腿（撩）

撩腿是技擊實戰中殺傷力頗大的技法之一，並具有凶狠、隱蔽性好、殺傷力強等特點。武林中尤以鴛鴦腿最為著名，如配合其他技法威力更大，會使對手望而生畏。

由技擊實戰姿勢開始。身體快速向後轉動，以背對準目標；左腿屈曲後坐，並支撐身體重心，全腳掌著地，右腿前

圖 3－23

圖 3－24

伸，腳尖點地；上體前俯，成含蓄之勢，雙手屈曲，防守胸前（圖 3-23）；接著，以髖為運動軸，右腿快速向上撩擊，力達右腳腳掌；同時，左手向上穿出，右手隨撩腿動作向後擺起，頭向後扭轉。眼睛注視目標（圖 3-24）。

【要點】

身體盡量後仰，挺胸、展髖、塌腰。撩擊要快速、輕靈，爆發力強，快發快收。撩腳下落時，要以腳掌戳地，五趾用力抓地，保持重心的安穩。雙腿連續撩擊，一氣呵成，不給對方防守反擊的機會。

【用途】

實戰時突然轉身起腿，撩擊敵褚或腹部。

7.踏腳

踏腳與蹬腳動作大同小異，其區別在於攻擊的力點不同。踏腳不僅含有向前蹬、撞的勁力，而且還有向下踩、壓

圖 3－25   圖 3－26

140

之勁，是禦敵前攻的前鋒腿法。

由技擊實戰姿勢開始。側身而立，頭正頸直；雙手握拳，成防護勢；左腿微屈，左腳支撐體重，右腿迅速屈膝向上抬起，腳掌快速踏擊，雙手自然防護於體前。目視對方（圖 3-25）。

【要點】

支撐腿要有力，五趾抓地牢固，不可搖晃。前踏時要用力，順勢挺膝、展髖。動作上下協調，連貫一體。

【用途】

起腿攻擊敵之胸或頭部。

8.片馬腿（鞭腿）

此技是從側面對敵實施攻擊的技法。其優點是快速、簡捷，易於實戰。其缺點是動作的運動軌跡呈弧形，預兆動作大，易被對方防守反擊。

　　由技擊實戰姿勢開始。身體正直，左腳向前自然活步，腳掌著地，直腿支撐體重；接著，右腿快速屈膝向上提起，從側面向前弧形彈踢，腳面繃平，力達腳尖；身體隨腿的彈出而略向左側傾斜；雙手自然防護於體前。目視前方（圖3-26）。

　　【要點】

　　支撐腿要牢固，重心要安穩，身體不可左右搖動。彈踢時，猶如鞭子抽打一樣，靈活自然，速度快捷。

　　【用途】

　　主要踢擊對方頭、軀幹等要害部位。

第三節　少林防守術

　　防守術與攻擊術是少林技擊中的一項完整的技術體系，構成了既矛盾又統一的辯證關係。防守屬陰，是技擊的手段；攻擊屬陽，是技擊的目的。「孤陰不生，獨陽不長」，陰陽猶如水乳交融、密不可分。在實戰中，攻與防是相互促進、相互制約的，兩者不是絕對的相離相剋。

　　高妙的技法要攻中有防，防中寓攻，攻防相兼。防守是技擊中保護自身的手段，是為攻擊服務的；而攻擊是克敵制勝的一種技法。同時也是更高級的防守手段。按技術類型來分，防守可分為接觸性防守和非接觸性防守；按性質來分，防守分為積極防守與消極防守；按時空位置來分，防守又分為防上、防下、防左、防右、防前和防後。

　　接觸性防守就是在對方進行攻擊時，我利用身體部位（四肢等）進行格擋、架磕等技法來保護自己的一種防守方

法。如再細分，又分上肢防守和下肢防守。

非接觸性防守，是採用靈活多變的步法與敏捷奇巧的身法來閃躲對方的攻擊，從而保護自己的技法。又可分為躲閃防守和對攻防守。

積極防守是欲攻先守、守後速攻的防守方法。

消極防守是在對方的強攻猛擊下，被動單純地進行的防守方法。

然而，上述諸防守法並非孤立存在的。實戰過程中，眾多技法往往相互轉化、相互依托。總之，不管敵手如何變化，防守皆是有規可循、有章可依的，只要能將自身防護好，給敵人致命的打擊，就是最好的技法。

142

一、防拳擊法

1. 上架

敵我對峙。設敵先發制人，快速向前上步沖拳，以右直拳擊打我頭、面部位（圖3-27）。我迅速動步進身，接近對方，同時左拳心斜朝下方，肘臂屈曲向上架擋敵拳，使其攻擊失效；右拳防護於下頜處。目視敵手（圖3-28）。

【要點】

動作靈活，架擋及時、準

圖3-27

圖 3－28

圖 3－29

確，氣力合一，以意發力，力
貫左前臂，右拳似靈貓捕鼠，
伺機而擊之。

2.外磕

　　敵我對峙。設敵上步進
身，以右直拳或擺拳猛擊打我
頭、面部（圖 3-29）。我立
即向前活步進身，右拳心向左
下方，左臂屈曲向外運動，以
前臂為力點向外磕敵臂，使之

圖 3－30

拳擊落空失效，右拳護守下頦處。眼視敵手（圖 3-30）。

【要點】

　　動作疾速，磕擊時動作幅度不宜過大，以防敵乘隙而
入，沉肩墜肘，下頦微內收。

3.裡掛

敵我對峙。設敵上步進身，以右直拳擊打我面部（圖同上）。我迅速活身側閃，同時使左臂屈曲豎起，拳面朝上，左前臂由外向裡滾動，掛擊敵之前臂，使其拳攻擊失效，右拳防於下頜處。二目視敵（圖3-31）。

圖 3-31

【要點】

裡掛時要以腰為旋轉軸，身體微右轉。掛擊及時、準確，注意防守。動作乾脆俐落，恰到好處。防守適當，不可過之。

4.下格

敵我對峙。設敵上步進身，以右勾拳猛擊打我胸、腹部位（圖3-32）。我迅速向左側活步，身體略向前俯，同

圖 3-32

時用左前臂為力點，向斜下方格擋敵之前臂，使其拳攻擊失效，右拳護守於下頜處。二目視敵（圖3-33）。

【要點】

動作迅速、乾脆，格擋及時、準確，略向內收腹，重心

圖 3－33

圖 3－34

微降，注意防守。

5.拍擊

　　敵我對峙。設敵上步進身，以右直拳擊打我頭部（圖略），我立即靈活向前上步，同時屈曲左臂，並向上抬起，手掌五指自然分開，向右拍擊敵之前臂，使其拳攻擊失效，右拳護於下頜處。二目視敵（圖 3－34）。

圖 3－35

145

　　設敵左腳在前，右腳在後，以右勾拳擊打我腹、胸部（圖 3-35）。我立即動身活步，同時含胸收腹，身體略前俯，向左側擰腰轉髖，並用右掌向下拍擊敵之前臂，左拳防

圖 3－36　　　　　　　　　　　圖 3－37

護於下頜處。二目視敵（圖 3-36）。

【要點】

動作圓活靈巧，拍擊疾速、準確，掌握重心平衡。

6.捋化

敵我對峙。設敵上步進身，以右直拳猛攻我之頭、胸部。我立即向前上左步，接近對方，同時抬臂屈肘，右臂向前伸，對敵之前臂進行格擋（不用抓其臂）（圖 3-37）；然後，我右前臂滾動外旋化解對方的攻擊，順借敵之拳勁向斜後方捋，使其拳攻擊失效、重心向前傾斜，我左拳自然防護於下頜處。二目視敵（圖 3-38）。

【要點】

上步靈活，重心安穩。反應要敏捷，擋敵臂要柔，不宜硬磕。捋化要順敵勁乘敵勢，同時含胸收腹，略向右轉腰。

圖 3－38　　　　　　　　　　圖 3－39

7.躲閃

　　敵我對峙。設敵上步進身，以右直拳或擺拳擊打我頭部。我立即靈活上步進身，左腳掌著地，右腳前腳掌著地，腳跟提起，雙腿屈曲下蹲，重心降低；同時，俯身低頭，從敵之臂下向側方潛伏躲閃，雙手成拳防護於胸前。二目視敵身（圖3-39）。

　　【要點】

　　上步疾速，重心平穩。躲閃時要掌握好時機，靈活自然，防護嚴密。

二、防腿擊法

1.上架

　　敵我對峙。設敵快速向前上左步，以左腿支撐體重，

圖 3－40

圖 3－41

並提起右腿向前蹬擊我頭或胸部（圖 3-40）。我迅速靈活動步進身，身體重心降低，兩腳前後自然開立，雙腿微屈下蹲；同時兩臂屈曲，向上抬起架住敵之蹬腿。目視敵身（圖3-41）。

【要點】

進步靈敏自然，重心牢固。上架及時、準確，動作快捷，氣力合一。

2.外磕

敵我對峙。設敵先發制人，動步上前，右腿直立支撐體重，以左腳尖為力點，從側方踢擊我胸或頭部（圖3-42）。我迅速靈活上步進身，兩腿略曲；同時左肘臂屈曲，拳護守於額前，右臂豎立向外磕擊敵腿之脛骨。目視敵人（圖3-43）。

圖 3－42

圖 3－43

【要點】

頭正身直，沉肩墜肘。上步快速靈活，重心安穩，五趾抓地。磕擋要及時、準確，氣力合一，動作連貫完整，運用自如。

3.裡掛

敵我對峙。設
敵先發制人，動步
上前，以左腳支撐
體重，右腳從側方
踢擊我頭部（圖
3-44）。我立即向
前靈活上左步，右
腳跟進，兩腿略屈
成實戰步；同時身
體微向右轉，左拳
護於胸前，右前臂
屈曲內旋滾動，以
臂之外側向左掛防
敵之脛骨。目視敵
面（圖3-45）。

【要點】

上步穩健、紮
實，重心牢固。掛
防要以柔克剛，以
小勝大，動作連
貫、嚴謹，自然協調。

圖3-44

圖3-45

150

4.下砸

敵我對峙。設敵先發制人，向前上左步，並直腿支撐體

重，以右腳彈踢我襠或腹部（圖3-46）。我迅速靈活上步，接近對方，雙腿微屈膝下蹲，降低重心，同時身體向內收胸含腹，左拳防護於胸前，右前臂向下用力砸擊敵之脛骨。二目視敵（圖3-47）。

圖3－46

【要點】

進身而戰，身法要靈活、敏捷。重心安穩、五趾抓地。砸擊要以氣催力，力達前臂，氣力合一，周身協調。

圖3－47

5.提擋

敵我對峙。設敵向前上步攻擊，右腿直立支撐體重，左腳從側方彈踢我左肋部，兩拳防護於體前。我立即向前活步進身，雙拳在體前防護，同時身體略側傾，左腿直立支撐體

重，五趾抓地，右
腿屈膝上提格擋敵
之腳，使其攻擊失
效。目視敵面（圖
3-48）。

圖 3 – 48

【要點】

重心要牢穩，
提膝要疾速、及
時，腳尖內扣。身
體自然正直，含胸
拔背、沉肩墜肘。

152

第四節　反拳擊技法

反拳擊技法，是指在防禦對方的拳法後，對其進行還擊
的一種技術方法。反拳擊技法是技擊實戰必不可少的內容，
它防而後攻，技法詭巧刁毒，變化萬端，化發相合，顧是
打，打是顧，顧打相兼，並結合靈活之步法及敏捷的身法，
改變被動戰局，避實擊虛，周身圓活，無點不彈簧，給敵以
致命的反擊重創。

1.架打踢襠

①設敵向前上步，以左手防護於體前，同時用右拳猛擊
我頭部（圖3-49）。我立即疾速向前活步進身，左前臂向
斜上方架擋彼之拳擊，同時右拳擊打敵心窩部位（圖3-
50）。

圖 3－49

圖 3－50

②接著，我雙手自然回收防護於體前，左腳支撐體重，五趾抓地，右腳向前彈踢敵之襠。敵不死即殘（圖 3-51）。

【要求】

架擋及時、準確，擊打凶狠、有力。彈踢時繃緊腳面，重心平穩，力達腳尖。動作須疾快，一發即收。

圖 3－51

2.裡掛扇面

①設敵向前上右步，以右拳直打我頭部。我立即向左轉腰擰身，同時左拳防於下頜處，右臂屈曲上抬並向裡掛敵

圖 3－52

圖 3－53

拳，使其拳擊不到我身（圖 3-52）。

　　②然後，我快速向前上右腳扣鎖敵之後腳，同時身體重心降低，以右掌背反扇擊敵太陽穴，使敵昏死倒地（圖 3-53）。

　　【要求】

　　掛拳快而乾脆，擊打準確、凶狠，以氣催力，力貫掌背，動作預兆不過大。鎖扣要牢，使敵不得機得勢。

　　3.抓腕鎖喉

　　①設敵向前上步，右手防護於體前，同時以左直拳擊打我頭部（圖 3-54）。我立即向前上右腳，同時身

圖 3－54

圖 3－55

圖 3－56

體略向左擰腰順肩，用右手抓握敵左手腕（圖 3-55）。

　　②左手快速掐扣敵之咽喉，使之窒息或昏倒（圖 3-56）。

155

【要求】

　　抓握快速、有力，借力化之。掐扣敵喉要凶狠，力貫手指。

4.砍頸踹襠

　　①設敵向前上步進身，右手防護於體前，用左拳擊打我頭或胸部（圖3-57）。我迅速向右轉腰擰身，用左手向內格擋敵前臂，使其拳擊打失效

圖 3－57

（圖 3-58）。

②緊接著，我以右掌砍擊敵之頸部，使其受傷（圖3-59）；然後，我左腳五趾抓地，支撐身體，右腳以腳掌為力點，踹擊敵之襠部（圖3-60）。

圖 3-58

【要求】

掛襠及時、準確。砍擊要猛、準、狠。踹擊疾速、有爆發力。

156

5.抓腕踹膝

①設敵向前急速上步，右手防護身體，以左拳擊打我頭

圖 3-59

圖 3-60

圖 3－61

圖 3－62

或面部（圖 3-61）。我迅速向右側方活步躲閃，使敵之拳攻擊失效，同時用手抓握敵左腕（圖 3-62）。

②接著，右腳支撐身體重心，左腳向前踹擊敵膝部位，使之傷殘（圖 3-63）。

圖 3－63

【要求】

閃身及時、靈敏，抓腕要牢。踹擊要快、狠，動作連貫協調，乾脆勇猛。

6.上架踢脛

①設敵向前活步進身，左臂屈曲於體前防護，上步以右

圖 3－64　　　　　　　　　圖 3－65

拳直擊我頭部（圖 3-64）。我立即屈臂上架敵前臂，使其拳攻擊失效（圖 3-65）。

②接著，我以左腳支撐體重，右腳向前猛踢擊敵之脛骨，使之疼痛（圖 3-66）。

【要求】

架、踢要同時進行，動作連貫協調、及時，左腿挺立支撐身體，右腳踢擊高不過膝，以防住敵拳為佳。踢脛要快、準、狠，力達前腳掌。

7.抓腕斷肘

①設敵先發制人，向前上步進身，左手防護於體前，以右拳直擊我頭部（圖 3-67）。我迅速向左側靈活閃身，同時以手抓握敵手腕（圖 3-68）。

②接著，右手向後拉敵腕，使敵臂直，我左臂屈曲向外磕擊敵肘，使其折斷（圖 3-69）。

圖 3－66

圖 3－67

159

圖 3－68

圖 3－69

【要求】

　　抓腕與拉臂同時進行；磕擊敵肘要用爆發力，雙手合力折之。

圖 3－70

圖 3－71

8.拉腕斬喉

①設敵右腳在前，左腳在後，雙腿略屈成實戰步，左拳護於體前，右拳直擊我頭部（圖 3-70）。我立刻動步移身向左側閃進，同時右手抓敵右腕向下拉拽，左臂磕擊敵肘（圖 3-71）。

②接著，我乘勢借力，以左掌斬敵之咽喉，使彼窒息而受到重創（圖 3-72）。

【要點】

抓腕要牢，磕肘要力大而狠。斬喉以腰帶手，力貫掌外沿。側閃時圓活敏捷。

9.拿手斷腕

①敵向前上右步，並用右手抓我衣服或以掌擊我胸（圖 3-73）。我立即以右指按其手，並順勢扣抓敵手虎口處，

圖 3-72

圖 3-73

圖 3-74

圖 3-75

左手輔助右手抓敵腕（圖 3-74）。

　②雙手向外旋擰並猛拉之，可使敵腕脫臼（圖 3-75）。

圖 3－76　　　　　　　　　　　圖 3－77

【要求】

抓扣敵手快、牢，同時縮身含胸以化其力。旋擰要有冷脆之勁力，連擰帶拉，一氣呵成。

10.擰卷斷腕

①敵上步近身，以拳直擊我頭或胸部（圖 3-76）。我疾速活步動身，向左方側閃，同時左手抓握敵手腕向外旋擰（圖 3-77）。

圖 3－78

②接著，我立即用右手向前推擊敵拳面，右手向斜下方拉彼腕，即可斷敵腕（圖 3-78）。

圖 3－79

圖 3－80

【要求】

抓腕要緊而有力，抓即擰之。推擊拳面用寸勁近身施法，並與拉腕動作相協調。

11. 擰臂卸肘

① 敵上右步，用右直拳猛擊我頭部（圖3-79）。我立刻活步縮身，左手抓握敵右腕向左方旋擰，使敵肘臂屈曲向上（圖3-80）。

圖 3－81

② 接著，我右手從敵臂穿出向上抓敵腕，雙手用力向外扳擰，敵臂必被卸下（圖3-81）。

【要求】

活步敏捷、自如，縮身巧妙。擰轉要快而猛，卸臂要兩

圖 3-82

圖 3-83

手二力合一，動作乾脆有力。

164

12. 上架擊鼻

①敵上右步，以右拳向我頭部擊打（圖 3-82）。我立刻向前上步，同時左臂向上架敵前臂，使其攻擊失效（圖 3-83）。

②接著，我擰腰順肩，右拳向前發力猛擊敵鼻，使其鼻梁塌碎而致殘（圖 3-84）。

圖 3-84

【要求】

上步及時，重心安穩牢固，五趾抓地。架擋時機適宜，拳擊要狠、準。動作連貫，須有爆發力。

圖 3 – 85

圖 3 – 86

165

13. 抓臂斷肋

　　① 敵右步在前，用右拳直擊我頭部（圖 3-85）。我立即向左前方上步，同時身體右轉，右手抓拉對方右前臂（圖 3-86）。

　　② 接上式。疾速屈肘橫臂，以氣發力，力達左肘，以肘頂敵之肋骨，使敵內臟受傷而窒息（圖 3-87）。

圖 3 – 87

【要求】

　　上步靈活自如，閃身快捷。抓拉臂要牢固、有力，並與頂肋同時進行，頂肋要有爆發力。

圖 3－88　　　　　　　　　　　圖 3－89

14. 勾踢彈襠

①敵上步，以右直拳擊打我頭、胸部（圖3-88）。我立即微向右擰腰轉身，同時右手抓握敵之右腕，左手護於下頜處（圖3-89），接著左腳勾踢敵之前腳，左手斬擊敵之咽喉（圖3-90）。

②然後，我乘敵後仰之機，抬右腿繃足尖，向前彈踢敵之襠部，敵必傷殘倒地（圖3-91）。

【要求】

抓握要牢而快速，並回拉敵腕，使其前傾。彈襠疾速、準確。

15. 插睛撞膝

①敵右腳在前，以右拳直擊我頭、胸部（圖3-92）。我略向左側活步，同時左手向右拍擊敵前臂，使之拳落空，

圖 3－90

圖 3－91

圖 3－92

圖 3－93

右手成金剪指插擊敵雙眼（圖3－93）。

　　②接著，我順勢貼近對方，並且右手前伸摟住敵頸部，同時提右膝猛撞敵之腹部（圖3－94）。

圖 3－94　　　　　　　　圖 3－95

【要求】

動步時身體側內，五趾抓地要牢固，拍臂要乾脆、及時。摟緊敵頸回拉，使之前俯。撞膝要凶猛、快速，不拖泥帶水。

16.盤肘頂膝

①敵上右步，用右擺拳擊打我頭部（圖 3-95）。我急速向前活步近身，同時雙腿屈曲，身體下俯躲過敵拳，並以右肘盤擊敵腹（圖 3-96）。

②左腳支撐在地，右腿屈膝，向上頂擊敵腹部，同時右臂摟抱敵頸部，左手下按其背（圖 3-97）。

【要求】

潛伏躲閃快速、及時，胸前防護。盤時要快、準、穩，注意重心平衡。頂膝、切頸須連貫、凶狠。

圖 3－96

圖 3－97

圖 3－98

圖 3－99

17.擊胃砍頸

①敵以後擺拳擊打我頭部（圖3-98）。我立即快速低頭俯身，雙手防護於胸前，同時雙腳向左前閃進，躲過敵拳（圖3-99）。

圖 3－100

圖 3－101

170

② 我左拳防護下頜處，左臂屈曲，以右拳勾擊敵胃部（圖 3-100）；緊接著，右腳前鎖別敵腳，身體向前挺起，右手成掌猛擊敵頸部。雙眼視敵頸（圖 3-101）。

【要求】

俯身躲閃須靈活、自如，反應敏捷，防護要嚴密。閃步快捷，重心平穩。勾擊狠、準、快。砍頸時以意運氣，以氣催力達於掌，力斷敵頸。

圖 3－102

18.防鈎貫耳

① 敵上左步，用右鈎拳打我腹部（圖 3-102）。我立即

圖 3－103

圖 3－104

靈活近身，同時身體略向左
轉，右前臂向下壓砸敵臂，使
其攻擊失效，左拳護守胸前
（圖 3-103）。

　②緊接著，我猛向右擰腰
轉身，左臂上抬，以拳擺打敵
右耳部，右手自然防守。二目
視敵（圖 3-104）。

　【要求】

　防守快速、靈活，近身對
敵，動作須自然連貫，力達左
拳面。

圖 3－105

19.擰臂盤頭

　①敵上左步，以右鉤拳擊我腹部（圖 3-105）。我迅速

圖 3 – 106

圖 3 – 107

摟腰轉身，右臂下砸敵臂，左拳護於下頜處（圖 3-106）。

②緊接著，我立即以左手抓住敵右腕部，雙手合力向上旋擰敵臂，使敵成反關節擒拿（圖 3-107）；然後，我臂屈，以肘盤擊敵頭部（圖 3-108）。

【要求】

砸臂要快速、有力，動作靈活。擰臂要近身，雙手協調合力，關節脫臼。盤擊時，力達肘尖，雙腿略屈曲下蹲，五趾抓地，身體重心安穩。

20. 扶肩頂膝

①我左腳在前，用左拳擊打敵之頭、胸部位，右拳守於體前（圖 3-109）。敵上步近身，右臂屈曲外架我左前臂，以左肩向前發力撞擊我胸部（圖 3-110）。

②緊接著，我右腿直立，右腳掌著地並且五趾抓地，左腿迅速屈膝上抬，以膝頂擊敵之心窩部位，使敵受到傷殘

圖 3－108

圖 3－109

圖 3－110

圖 3－111

（圖 3-111）。

【要求】

　　整套動作須自然、快速，全身協調一致。頂膝須快、狠，有爆發力，達到一擊即殘之目的。

第五節　反腿擊技法

反腿擊技法是對敵格鬥的主要散手技法之一，是構成少林技擊的重要組成部分。在實戰交手時，不僅要對對方的上肢擊打進行防禦，而且還要防住對手的下肢擊打，這樣才能顧己克彼、戰無不勝。當敵人拳腳、肘膝相加，猛烈凶殘地施技進行攻擊時，我還要靈活巧妙地運用技戰術，穩紮穩打，化發結合，圓活制敵，爭取達到一擊必殺之目的。

下面選幾組簡捷有效、凶狠迅速的反腿擊技法，供實戰打擊時參考。

1.防彈踹襠

① 敵先發制人，快速向前上步近身，右腳在前，五趾抓地，右腿直立支撐體重，左腳面繃平，以腳尖為力，向前彈擊我襠部（圖3-112）。我立即向前靈活進步，兩臂防護於體前，同時左腿直立支撐於地，全腳掌著地，五趾抓地，右腿屈曲，提膝向外擋敵腿，使之攻擊失效（圖3-113）。

② 緊接著，我身體略向左側傾斜，速以右腳向前踹擊敵之襠部，力達足底。目視敵身（圖3-114）。

圖3-112

圖 3－113　　　　　　　　圖 3－114

【要點】

進步靈活自然，快速敏捷，重心穩固。提膝外擋及時，腳尖內扣護襠，注意上體的防護。踹敵襠時，須快速、準確、凶狠。整套動作連貫如一、協調自然。

2.截彈擊心

①敵快速上右腳於我體前，然後右腳支撐體重，左腳腳面繃平，向前彈踢我襠（圖同 3－112）。我速靈活動步，調整敵我距離，雙手護於胸前，並以右腳截擊其迎面骨，使之疼痛難忍（圖 3－115）。

圖 3－115

②接著，我右腳疾速下落著地，左腳自然跟進，身體靠近敵體，同時擰身轉腰向前發力，力貫右拳面，以右拳猛擊敵心窩部位。二目視敵（圖3-116）。

圖3-116

【要點】

步法自然巧妙，距離適中。防守須嚴密，上下兼顧。截彈時必須快速、敏捷，瞬間即傷殘之。擊打要以意行氣，以氣催力，鬆肩垂肘，力大勁整。

3.掛腿殘膝

①敵快速上步近身，左腳支撐體重，右腳踢擊我胸或腹部（圖3-117）。我立即向前活步，靠近對方，兩腿

圖3-117

屈曲下蹲，同時右臂向外掛擊敵小腿，使彼攻擊失效，左拳護守於體前。二目視敵（圖3-118）。

②緊接上動。我立即以左腿支撐體重，大腿略屈下蹲，身體重心偏移至左腿，同時提右腿，以腳為力點向前踹擊敵

圖 3－118

圖 3－119

之膝關節，使之膝關節脫臼致殘（圖 3-119）。

【要點】

上步靈活，近身快速。掛腿須敏捷，準確。踹擊要疾速、凶狠，重心穩固。動作連環相扣，上下協調。

4.砸腿連擊

① 敵上步向前，以左腳踢我胸或腹部（圖同 3-107）。我立即雙腿屈膝，重心下降，雙腳成左虛步，同時左拳護守於體前，右前臂向下砸擊敵之脛骨，使之疼痛難忍（圖 3-120）。

② 接著，我左腳向前落步，全腳掌著地，支撐體

圖 3－120

圖 3-121

圖 3-122

重，左腳腳尖向前踢擊敵之支撐腿（圖 3-121）；然後右腳向前落步、踏實，右拳上抬，猛擊敵之咽喉部位。二目視敵（圖 3-122）。

【要點】

砸擊要快、準、狠。身體含胸收腹，重心要牢固。擊打動作協調連貫、招式凶狠。

圖 3-123

5.抱摔殘腿

①設敵以左腿支撐身體，右腿屈膝提起，由右向左側踢我胸、肋部（圖 3-123）。我迅速靈活進步，右腳在前，左腳在後，同時身體以腰為軸向左轉，雙手合抱敵之小腿（圖

圖 3－124

圖 3－125

3-124）。

②接著，我左腿支撐身體，左腿屈曲上提，然後猛截踹敵腿，使之殘傷。雙目視敵（圖 3-125）。

【要點】

進步自然靈巧，重心牢穩。右腳踹擊須凶狠、準確，踹時雙手要用力回拉，使其前仆。動作上下連通、自如協調。

6.抱腿踹膝

①設敵以左腿支撐體重，左拳護守體前，並起右腿踢擊我身體（圖 3-126）。我速向前，靈活

圖 3－126

圖 3－127　　　　　　　　　圖 3－128

上步近身，同時身體向左擰轉，雙腿交叉，重心降低，雙臂合抱敵右小腿。雙目視敵（圖 3-127）。

②接著，我雙手拉拽敵腿，使其重心失落，體前傾；然後，再以左腿支撐身體，右腿屈膝抬起，猛向下踹擊敵左膝，敵必遭重創而倒於地（圖 3-128）。

【要點】

上步快捷，身體靈巧。抱腿要牢，拉拽借勢乘力。踹腿展髖、勁猛，力達足底。

7.防踢擊襠

①設敵向前上步，左腿支撐體重，以右腳踢我左肋（圖 3-129）。我疾速活步近身，同時，身體以腰為軸略向左轉，雙手合抱敵之右腳後拉，使其重心前傾（圖 3-130）；然後，我向前上右腳接近敵身，右肘猛擊敵頭、頸部位（圖 3-131）。

圖 3-129

圖 3-130

圖 3-131

圖 3-132

②接著，我左腿支撐身體，右腿屈膝上抬頂撞敵之襠部，同時左手摟抱敵腿不放，右臂摟夾敵頸部，向後側方摔之。目視敵身（圖 3-132）。

【要點】

上步快速、靈活，身法奇巧、自然。左手抱敵腿須緊固，而右肘擊敵要害要凶狠。頂襠必須快、穩、準、狠，並與夾敵頸配合施技，動作貴在協調、自然。

8.摔敵跪襠

①設敵向前上左步，左腿支撐體重，以右腳擊我肋部。我立即向前活步進身，身體略向左轉，同時，左臂摟夾敵之右小腿（圖3-133）。

②接著，我疾速向前上右腳，鎖拐敵之支撐的左腿，同時，右臂向前方摟摔敵，將之摔倒在地（圖3-134）。然後，我順勢降低身體重心，右腿屈膝向下跪壓敵之襠部，使之傷殘（圖3-135）。

圖 3-133

圖 3-134

【要點】

進步要自然靈巧，身法敏捷。摟夾敵腿須快捷牢固。摔拐應同時進行，周身協調，勢順勁整，乾淨利索。跪擊乘借

圖 3－135

圖 3－136

敵力，力貫跪膝。

9.彈襠插眼

　　①設敵左腳向前上步，直腿支撐體重，右腳猛踢擊我肋部。我立即向前活步，以右腿支撐身體，左腿提起格擋敵腳，使之攻擊失效，雙臂屈曲抬起護於胸前（圖3-136）。

　　②接著，我右腳不動，左腳快速向前彈擊敵之襠

圖 3－137

部，使其疼痛難忍（圖3-137）；然後，我左腳向下落步踏實，五趾抓地，重心略前傾，擰腰順肩，左拳防護於體前，右拳擊打敵之面部，致使敵傷殘（圖3-138）。

圖 3–138

圖 3–139

【要點】

上步移動要靈活敏捷，重心平穩。踢敵襠快速、準確。整個動作連貫自如，不可僵硬脫節。

10.捋腿踹腹

①設敵先發制人，左腳快速向前上步，直腿支撐體重，用右腳踢擊我肋或頭部。我疾速向前上右腳並落實，五趾抓

圖 3–140

地，身體微前俯，並以腰為軸向左擰轉，同時，雙臂合抱敵之右小腿，順勢向後捋摔，使其跌倒在地（圖 3-139）。

②接著，我左腳支撐體重，乘機以右腳向下踹擊敵腹部，使之受到重創（圖 3-140）。

【要點】

抒摔時要借敵勁，並充分發揮腰轉動的勁力，以柔克之。踹腹要及時、準狠，乾脆有力。動作疾速圓活，敏捷俐落。

11. 格踢殘敵

①設敵先發制人，左腳快速向前上步，直

圖 3－141

腿支撐體重，以右腳踢擊我左肋部。我立即動步，調整距離，同時，左臂屈曲，向外格擋敵腿，使其攻擊失效，右臂屈曲於體前進行防護（圖 3-141）；然後，我疾速向前上右腳，貼近敵身，屈右臂盤擊敵頭部（圖 3-142）。

②接著，我急速降低身體重心，向左擰腰轉體，同時全身發勁，以意領氣，以氣催氣，力貫右掌，向後撩擊敵之襠部，使敵遭重創（圖 3-143）。

【要點】

格擋及時，防守嚴密。盤擊與撩襠連貫自如，爆發力強。動作剛柔相濟，上下協調。

圖 3－142

圖 3－143

圖 3－144

12.防踢連擊

①設敵先發制人，左腿直立支撐體重，以右腳快速踢擊我左肋。我疾速向前進右腳，對敵左腳進行鎖管，同時，左臂摟抱敵右小腿，右掌猛擊敵之面部（圖 3－144）。

②緊接著，我身體重心降低，雙腿屈曲下蹲，並抓

圖 3－145

準戰機，乘隙以右直拳擊打敵襠部，使敵受到重創（圖 3－145）。

【要點】

上步疾速，鎖管牢固，使之動彈不得。摟抱及時，同時

圖 3－146

圖 3－147

左臂順勢向後拉拽，使其失去平衡而前仆。擊敵動作要狠、
快，一氣呵成。

187

13.勾摔踹胸

①設敵先發制人，左腿直立支撐體重，右腳踢擊我之胸
或肋部。我立即向前移步近身，身體略左轉，兩臂合抱敵之
右小腿，並順勢用力向上掀起，同時，以右腳勾掃敵之踝關
節，使其身體後仰，失去平衡而倒地（圖 3-146）。

②接著，左腳疾速向前墊步，右腳疾速提起向下踹擊敵
之腹部（圖 3-147）。

【要點】

閃躲時機適宜，步法移動圓活，身法詭詐多變。摟抱要
牢固，墊步疾速，防守嚴密。踹擊一定要乾脆有力。

14.防腿扛摔

①設敵先發制人，雙拳護體，左腿直立支撐體重，右腳踹擊我胸部（圖3–148）。我立即向側方活步，閃躲敵腳，同時右腳進步，以腰為軸後轉，雙腿屈曲下

圖3–148

蹲，兩臂合抱其右小腿，並扛在我右肩上，形成我背對敵之勢（圖3–149）。

②緊接著，我周身發力，身體重心降低，猛然前俯，雙手用力將敵從肩上摔出去（圖3–150）。

圖3–149

圖3–150

圖 3－151　　　　　　　　圖 3－152

【要點】

　　活步自然敏捷，五趾抓地。體靈腰活，周身協調。抱腿要順勢借力，近身而戰。膽壯心細，動作脆快。

15.潛伏抱腿

　　①設敵先發制人，雙拳護體，左腿直立支撐體重，以右腳踹擊我胸或頭部。我立刻向前活步進身，同時身體略前俯，兩拳防護於體前，雙腿屈蹲向下潛伏，使敵腿攻擊落空（圖 3-151）。

　　②緊接著，我疾速向前上右腳，雙臂摟抱敵之左小腿，並以右肩向前撞其大腿，使其失重而倒地（圖 3-152）。

　　【要點】

　　活步進身，動作敏捷、疾速。潛伏時雙手要嚴密護於體前，以防敵擊。摟抱要乾脆俐落，回拉與肩撞同時進行。

圖 3－153

圖 3－154

16.摟腿擊胸

①設敵先發制人，雙拳護體，左腿直立支撐體重，以右腳蹴擊我胸或肋部。我疾速向前活步進身，以左臂向外摟化敵攻擊之腿，使其攻擊失效，右手在體前防護。二目視敵（圖 3-153）。

②緊接著，我周身乘勢蓄勁，向前發力，勁力貫達右拳，猛擊敵之腹部（圖 3-154）。

【要點】

摟腿要以柔克剛，順勢化之。擊掌要後腿蹬地發力，以氣催力，勁整力猛。動作準確乾脆，一氣呵成，不可脫節。

第四章

少林武術身體素質訓練

>>>>>>>>>>>>>>>>>>>>>>>>>>>>>>>>>>>>>

　　前幾章介紹了少林傳統拳術及技擊的基本技法，但是，實戰格鬥中欲克彼顧己，立於不敗之地，不僅需要諳熟的技術和靈活的戰術，而且必須具備良好的身體素質，這是最基本、亦是最易被忽視的技擊要素。

　　身體素質是指透過身體活動而表現出來的生理機能能力。它包括一般身體素質和專項身體素質兩種。

　　一般身體素質（全面身體素質）是制敵的基礎素質，旨在全面提高身體生理機能，為實戰技術水準的提高打下根深蒂固的基礎，使技擊中應備的力量增大、速度加快、耐力持久及靈敏奇巧、抗擊力強等，增強人體內生理機能。專項身體素質指與實戰運動技術相關的專門性素質，是最基本的專項要素。

　　專項身體素質的訓練是對技擊中運動技法的強化，目的是最大程度地挖掘體內潛力，提高競技水準，促進技術及戰術的正常發揮。實戰搏鬥中，雙方動作快似流星閃電，招式變化莫測，技法運用層出不窮，這是敵我在智謀、勇氣、心理等生理能力上的較量，同時亦是雙方在技術、戰術等實戰能力上的綜合比試。由此可見，專項素質在技擊格鬥中的作

用是很大的。

身體素質不僅關係著體質的增強、體內潛力的充分發揮及人體生理機能的改善，而且還直接影響著運動技術的發揮和戰術運用的效果，同時對實戰心理的穩定性和思想意志的鍛鍊也有重要影響。

身體素質包括速度、耐力、力量、靈敏、柔韌等素質，各項素質並非各自獨立、各行其事的，它們是相互關聯、相互促進，在一個有機體中而共同生存發展。

一、速度素質

指人體對各種刺激發生快速反應並在最短時間內所完成的各種運動的能力。速度在技擊中的作用十分重要。搏鬥時，「手快打手慢，是皆先天自然之能」。雙方皆以疾如暴風驟雨的動作速度發起攻擊，企圖置對手於死地，這對攻防速度提出了較高的要求，我應本著「敵不動，我不動；敵欲動，我先動」的戰術原則，動在敵先，變在敵前，躲閃快似狂風，攻擊疾如閃電，一舉摧敵。

速度素質包括反應速度、動作速度和動作在空間的位移速度。如交手時，有機體對彼之動作所做出的閃躲、格擋等應答速度（即反應速度）；運

圖 4－1

圖 4-2

圖 4-3

動中所完成單個動作的速度（即動作速度）；格鬥中在最短時間內機體快速移動的能力（即動作在空間的位移速度）。

常見的速度素質訓練法有如下多種。

雙方攻防練習（圖 4-1）；進行原地或行進間的高抬腿練習（圖 4-2）；

3 組×1 快速跳繩（圖4-3）；50公尺加速跑和蛇行跑；練習各種躲閃術；踢打手腳靶練習（圖 4-4）；徒手或持啞鈴進行各種拳法

193

圖 4-4

練習（圖 4-5）。由訓練，提
高機體的無氧代謝能力，適應
在無氧條件下，完成各種制敵
動作，增強拳腳速度、身體敏
捷性、動作靈活性，使周身爆
發力大增，與敵交戰中快速制
勝。

二、力量素質

圖 4-5

指肌肉緊張或收縮時所表
現出來克服內外阻力的能力。
力量的大小直接影響著技術的
掌握、提升與發展，它是技擊
制敵的重要保障要素之一。拳
諺云：「一力降十會。」充分
說明了力量在技擊中所起的關
鍵性作用。實戰交手，「有力
打無力」，力大才能招式靈活
自如，勁猛勢道，動作變幻多
端、快疾，如狂風掃霧，似餓
虎下山，勇不可擋。試想擊拳

圖 4-6

如輕風拂面，踢腿似水中浮萍，打在人身上不痛不癢，怎能
制敵取勝？故拳譜曰：「發人要有千斤力，力量要在力當
中；軟時如同水穿石，硬時能拉萬斤弓。」

力量分動力性力量和靜力性力量，傳統練法又有外力法

圖 4－7

圖 4－8

與內力法兩種形式。外力法是借助啞鈴、磚石等器具進行鍛鍊來提高肌肉收縮力，增強身體部位對敵的殺傷力；內力法是由內功的修習而調動人體的內在潛力，增大勁力，以便對敵時化發自如，圓活奇巧，嚴守自身，永立不敗之地。內、外練法迥異，但目的卻是一樣的，是透過訓練來增大身體各部位的勁力，進而增強沖量，使攻防更加嚴密無隙、凶狠凌厲，可以重創敵人。

　　力量訓練採用內、外相結合的間隔練習法較為適宜，並著重對身體各部肌肉隨意放鬆能力的培養。練法繁多，這裡僅取幾種以供研練。

　　馬步推磚，玩啞鈴、石鎖；蛙跳、矮步走（圖 4-6、圖 4-7）；站樁養氣（圖 4-8）；臂力棒訓練（圖 4-9）等，這些方法，可以提高大腦神經中樞的興奮及興奮與抑制之間的轉換速度，發展人的意念力及拳腳的殺傷力，使氣力隨意而發，從而達到無堅不摧、百戰百勝的境界。

圖4-9　　　　　　　　　　圖4-10

196

三、耐力素質

　　指機體在長時間內與疲勞進行爭鬥的能力。由於實戰技擊攻守勇猛激烈、動作不斷變換，體能消耗頗大，機體極易出現疲勞現象，如果耐力差，體力減弱，招法也就雜亂無章了，因此往往影響技、戰術的正確運用及有效發揮。

　　反之，耐力好，體質強，施技有條不紊，意志堅定，心中有本，膽自神生，威似猛虎，變如游龍，並且愈戰愈勇，便可制服對手。耐力訓練分有氧耐力訓練和無氧耐力訓練，前者運動強度小，負荷時間長；後者練習時間短，但訓練密度大，間歇時間短。耐力訓練主要有如下方法。

　　長跑練習；定時跳繩（圖4-10）；定時變速跑（圖4-11）；一對多人模擬實戰練習；超量練習技法動作（圖4-

圖 4–11

圖 4–12

12）等，以此提高身體生理系統的工作能力，發展有氧代謝能力，克服機體疲勞感，使體力充沛、鬥志旺盛，為充分發揮技戰術的運用奠定基礎。

四、靈敏素質

指在突然變換的環境條件下，能夠迅速準確、協調靈活地改變和變換身體動作的能力。靈敏素質是人體綜合能力的運用，是一項複雜的素質。搏鬥中，對敵方動作無法先知先覺，這就要求能夠適應複雜多變的戰況，能因地制宜地對彼之動作做出應答反應。

如格鬥時，我可靈活地做出躲閃動作，使對方的攻擊失效，並能迅速地改變運動軌跡及發力方向等，達到身活似蛟龍，步穩如泰山，技法變幻莫測而不輕浮、不僵硬，自然輕

圖 4－13

圖 4－14

鬆，巧妙圓活地完成各種技擊動作。

下面，簡介幾種靈敏訓練法。

步法變換練習；各種躲閃動作訓練（圖 4-13）；拳腳組合練習；雙人攻守練習（圖 4-14）等。透過訓練，不僅

可提高大腦皮質神經過程的
靈活性和應變力，而且能增
強實戰意識，加強周身的協
調性及各部位的配合能力。

五、柔韌素質

指完成運動技術的幅度
柔和性。它是技擊中關鍵的
基本素質。技擊對敵時，如
果身體柔韌差，必將導致肌

圖 4－15

肉僵硬、關節遲滯和動作笨拙，最終結果只能是挨打而敗
北。如果身體柔韌好，則身靈體活，動作到位，技法巧妙圓
滑，能使攻擊力度大增。在進行柔韌練習時應注意系統性和
持續性，並與其他素質相配修習，綜合訓練，這樣才能促進
身體的全面發
展。柔韌素質練
習的方法有如下
幾種。

踢腿（圖
4 -15）；劈叉
（圖 4 -16）；
下腰；撕腿練習
（圖 4 -17）；
掄臂、活肩等。

圖 4－16

圖 4 - 17

第五章
少林硬氣功絕技

少林硬氣功絕技功法博大精深，古樸玄妙，乃少林武術中重要組成部分。少林絕技功法分軟、硬、輕、絕四大類，其練法迥異，功效亦不相同，然得一技之真傳者即為高人。

少林硬氣功，古稱「橫練」功夫，它是由特殊的身體動作導引（形）和大腦思維活動（意），使元氣充盈，絡舒血暢，周身敷氣，並結合發力而進行練習的一種武功。

少林硬氣功內外兼修，剛柔相濟，即常說的「內煉一口氣，外練筋骨皮」，內煉是指透過獨特架勢和意念活動來採天地之精，盜萬物之華，使丹田之氣充盈旺盛，氣血和暢，溫養五臟六腑，調整人體各系統的平衡，發揮器官的正常功能，潤澤肌膚，健壯體魄。

外修即外練，指由器物排打或其他方法來操修人體皮肉、筋骨的練法，化真氣為勁力，提高實戰技擊時所必需的爆發力和攻擊力。

內煉與外修猶如水乳交融，密不可分，即「內修丹寶，外壯骨皮」，否則功難大成。正如《少林拳術秘訣》所言：「蓋外功之練習乃肉體筋骨所能事；而內功之修養，實性命精神所皈依。離而二之，則為江湖末技；合而一之，則為神功極致。」

另外，少林硬氣功功法具有法簡效宏、易學易成的特點。下面介紹幾種傳統的少林硬氣功功法。

第一節　內煉

少林硬氣功內煉的目的是使人體內精充神旺氣盈，並由形體的導引和以意馭氣，將內氣運到身體某個部位，最大限度地開發人體之內在潛力，使氣貫達的地方猶如充足內氣之輪胎，能抗硬擊堅，不畏拳打腳踢，甚至開磚斷石、劈棍斬鐵，有助於在技擊中發揮出超常之能力，進而戰勝對手。

內煉法主要包括採氣和煉氣。

一、採　氣

古傳採氣方法多種多樣，既可用頭頂（百會穴）和足心（湧泉穴）採天地之靈氣、吸日月之精華，亦可以身體毛孔及穴位來採松柏樹木、山河之精氣為己所有（注意：對人體有害的樹木不能採氣）。

採氣的姿勢也因門派的不同而迥異，行、站、坐、臥不拘泥於形式的束縛，可隨意為之，功在鬆靜，重在心誠，關鍵是體悟。

比如想採花草樹木之氣，要距樹前一二公尺的地方站立，意靜體鬆，頭正身直；雙腳左右開立，與肩同寬，周身安舒；兩臂緩緩向前上方抬起，手與肩平，雙手掌心對著花草、樹木，然後兩臂屈曲略微回收，以鼻吸氣，同時意念花樹之精氣順手臂進入體內（圖 5-1）。呼氣不加意念。採氣不可過量，以氣血充盈、氣貫周身、心舒體暢為準。

圖 5－1

圖 5－2

圖 5－3

二、煉　氣

　　既可由一定姿態（如樁功）來煉內氣，亦可憑借藥物或器具來修煉內氣，但因藥物對身體有影響，用器具練功又較繁瑣、不方便，二者不利弘揚和發展，故本書只介紹簡單易行的少林煉氣法。

　　少林煉氣法主要有行式、坐式（圖 5-2）、臥式（圖 5-3）、站式等等。其中，馬步樁功是少林功法中獨具特色

圖 5-4

圖 5-5

的基礎煉氣法。馬步樁功又稱「地盆」，主要是「借此煉氣下沉，不獨增長足力，且可免血氣上浮，致身於上重下輕」（《少林拳術秘訣》）。馬步樁功分為高（圖 5-4）、中（圖 5-5）、低（圖 5-6）三種姿勢，其功用各有所長，如低樁煉氣快，氣足勁增，適合體質強健的青壯年人習練；高式則因體力消耗較小，而多適

圖 5-6

用於體力差者習練。圓有一定之規，而法卻無死則，習練樁功要靈活採用各種姿勢，不可拘泥於形式。

下面，介紹一種煉氣迅速、增功較強的功法——托天育丹樁。

圖 5-7

圖 5-8

托天育丹椿

身體自然放鬆,頭正頸直,虛領頂勁,神態安詳,心澄目潔,面帶微笑,口齒微閉,舌抵上腭,呼吸柔和;兩足左右平行開立,距離與肩寬,兩腳掌都著地,足尖朝前,五趾抓地,雙腿略微屈曲下蹲;兩手在體側平伸抬起,與頭同高,兩臂微屈,掌心斜向上,肩鬆肘垂,眼視前方。

意念周身氣血充盈,體外被金黃色氣所籠罩,兩手各托一個金黃色氣球;吸氣時,氣沿身上的毛孔進入體內,呼氣時,周身鬆舒,氣體還是源源不斷地入我體內(圖 5-7);接著,右腿緩緩收靠至左腿處;同時,雙臂微屈,由身體之兩側緩慢向上舉(圖 5-8);然後,雙手經面前沿任脈向下行至丹田部位,掌心朝內,手指向下,心裡默念「鬆定空靈靜,氣入丹田中」口訣三遍(圖 5-9);接著,雙手相疊(左手蓋於右手背上)於小腹丹田部位(以肚臍為中心),

圖 5－9　　　　　　　圖 5－10

順時針揉搓 12 圈（由小至大），再逆時針方向揉搓 12 圈（由大至小），最後，雙手相合搓熱，再搓洗面部 9 次。靜坐片刻即可。

第二節　外修

　　外修法較多，然不外乎操練筋骨皮之功。為使廣大讀者能夠科學、系統地學習硬氣功，現介紹幾種實戰技擊所必需的少林硬功絕技。

一、鐵拳功

　　分三步練習法。

　　第一步　馬步樁站好（同前），然後以意行氣，以氣催力；雙手握拳，交替向前衝擊，力貫拳面。目視沖拳（圖5-10）。

第二步　身體自然挺直，俯臥於地，頭頸正直，面朝下，雙目視地；兩拳左右分開，與肩等寬，以拳面支撐於地，拳心朝內相對，雙臂伸直，兩腿伸直；雙腳併攏，足尖著地，腳跟提起；然後，兩臂上下反覆屈伸做俯臥撐（圖 5-11）。身體要放鬆，上起要快速，下伏時須緩慢，起呼落吸，意念專一，力疲為止。隨著時間的增加及功夫的加深，做的次數可逐漸增多。

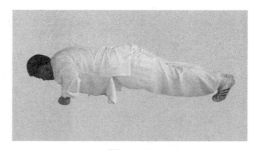

圖 5－11

圖 5－12

第三步　吊一包大沙袋，重量約 100 斤。以實戰姿勢面對沙袋，雙拳交替擊打沙袋。擊打時要以意行氣，以氣發力，力達擊拳的拳面。意要緊，彷彿身臨搏鬥一樣，充分運用各種技法來進行攻擊和防守（圖 5-12）。隨著功夫的加深，可以用拳擊打牆壁或鐵石，長期習練，定可功臻上乘境界，拳可開磚碎石，擊敵筋傷骨折。技成後不可輕易出手，切記！

二、鐵腳功

亦分三步練法。

第一步

面南背北蹲站馬步樁（同前）。要求：以鼻進行自然呼吸，達到「勻、長、細、深」，氣沉丹田，頭正頸直，沉肩墜肘，含胸拔背，意念專

圖 5–13

一，默念息數（一呼一吸為一息）。練功時間從 5 分鐘開始，逐漸增至 30 分鐘。

第二步

身體放鬆，並以腰為軸，微向左扭側身；右腳腳掌著地，腿直立支撐體重，左腳抬起，放於與胯同高的橫木上，腳跟著於橫木上，足尖略朝左回勾；雙臂屈曲上抬，呈前後防守狀態，拳半握含空，虛領頂勁，鬆體舒身，斂臀坐胯，心澄目潔，目視前方。意念周身被金黃色氣體籠罩著，體前有一個大氣球，我以腳對著氣球進行勾、踹、蹬等各種腿法練習（圖 5-13）。左右腳互練，每腳練 20 分鐘。

第三步

埋柏木樁於地下（或以沙袋代替），氣聚丹田，一腳著地，直腿支撐體重，另一腳快速向前踢、蹬、踹木樁（或沙袋），以意行氣，以氣催力，力貫達於出擊腳的腳底，以鼻呼吸，發呼收吸。意念假想木樁是敵人，我每一腳擊發都可

圖 5－14

圖 5－15

將敵擊飛。雙腳互練，循序漸進，貴在持之以恆（圖 5－14）。

三、鐵臂功

傳統鐵臂功練法有多種，最主要的有打樁與靠袋兩法。打樁練習由木樁到鐵樁逐步進行。每天在心、腎二經相交出骨、罡氣旺盛之時（晚 7～9 點）開始練功。面南背北站立於樁前，雙腿略屈下蹲，周身放鬆，頭正頸直，虛心實腹，凝神蓄意，氣貫丹田；接著，以意帶氣，以氣催力，力到勁發，用雙臂交替輪擊木樁（圖 5-15），每打一下要三力（臂力、腰力、整力）合一，意、氣、力集中於臂擊之部位。如此長期苦練，便可產生驚人之功效，功夫大成之時，可達到揮臂斷鋼柱之驚人程度（圖 5-16）。但無明師傳教，切勿盲目習練，否則自廢其身。

圖 5-16

圖 5-17

四、鐵肘功

亦稱「霸王肘」，是制敵威力巨大、具有摧毀性的陽剛功法，武林素有「拳輕、掌重、肘要命」之說。少林鐵肘功主要練法共分四步。

第一步　練習馬步樁一遍，時間大約 10 分鐘。

第二步　面對牆站立，兩腳左右分開，距離與肩同寬，身體正直安舒，並向前傾斜成直線，雙肘支撐於牆面上，意靜神清，呼吸自然，心中默念息數，隨著功夫的加深，身體與牆的傾斜角度亦可逐漸加大。二目前視牆面（圖 5-17）。

第三步　身體挺直俯臥於地上，頭正頸直，面朝下方；兩肘及兩足尖著地，將身體撐起，雙前臂豎起，拳面向上，拳立於下頜兩側；體鬆意靜，意觀氣海，口齒微閉，自然呼

圖 5－18

圖 5－19

吸，目視三尺以外，七尺以內，時間為 5 分鐘（圖 5－
18）。

　　承上動。以雙肘及兩腳尖著地向前爬行，身體自然放
鬆、平穩，不可有大的起伏，含胸斂臀，抬頭豎頸，目視前
方，約練 3 分鐘左右（圖 5-19）。

　　第四步　吊 100 斤重沙袋，使之與腰同高。身體正直朝
前，沉肩墜肘，雙腳左右開立，略比肩寬，兩腿屈曲下蹲成
馬步樁，雙臂在胸前環抱，掌心向內，掌指相對，意守丹田

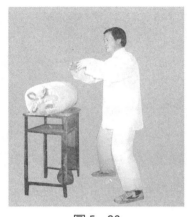

圖 5-20

圖 5-21

5分鐘（圖5-20）。

接著，身體放鬆，調整到最佳狀態，並以意行氣，以氣催力，力貫於肘部，左、右肘分別以砸、頂、撞等技法向沙袋擊打，每擊打沙袋一下，都要使出全身的六合整力，口發「嘿」音，意念將沙袋擊透、擊碎。目視沙袋（圖5-21）。

第三節　習練少林絕技注意事項

1.練功場地要環境幽雅，空氣清新。勿在河邊及噪音較大處練功。

2.飯前飯後1小時內不宜練功，過饑過飽不能練功。練功前應先排除大小便。

3.練功時要寬衣鬆帶，最好穿練功服和運動鞋，以利氣血的運行。

4.雷雨、風、霧天，應在室內練功，避免外邪侵體、陰陽失調而患疾病。在霧天練功時，要喝一口酒，以便解毒。

5.練功要有吃苦精神，並要循序漸進、持之以恆地堅持習練，切忌「一曝十寒」，但也不能急於求成，須知「欲速則不達」之理。

6.練功時要心靜意專，情緒穩定，意念應勿忘勿助，排除不良因素的干擾。

7.練功期間要節制房事，以免精氣不足，傷害身體，影響功夫的進展。另外，房事的當天不要練硬氣功。

8.練完功，應注意保腎、忌涼，不宜風吹和冷水洗身，以避邪氣入體而造成元氣損傷，導致患病。

後　記

少林武術源遠流長、博大精深，乃國之瑰寶，武苑之奇葩，蜚聲國內外，深受世人之青睞。爲了更進一步弘揚少林武術，使之造福社會，筆者不揣淺陋，將所習練的少林技擊術整理出來，奉獻於廣大讀者。

筆者自幼酷愛武術，緣分所至，幸得多位明家之眞傳，先習少林藝，後練武當功，學得多種拳械功法。多年來，謹遵師命，苦學苦求、精心探索，晝文夜武，日益精進，心得體會頗多，在辛勤培育學生的同時，潛心伏案、筆耕不輟，已有近百篇論文刊發於《武魂》《武當》《武林》及《拳擊與格鬥》等雜誌上，深受讀編者的好評。

本書介紹了少林武術技擊的基本功、拳術及實戰技法、硬功絕技等，適合廣大青少年閱讀習練和教練員的訓練參考。

本書在整理出版過程中，得到了恩師張奇先生、白雲峰先生、吳文翰先生、郭蘭森先生的大力幫助，在此深表謝意！

由於筆者才疏學淺，水平有限，書中難免存在著不妥之處，敬請武林前賢與道友批評指正。

作者簡介

劉世君

漢族，1969 年出生於遼寧彰武。大學本科。自幼酷愛武術，師從著名武術家張奇、白雲峰、吳文翰及少林武僧德覺等，學得少林武當拳械及硬功絕技，其絕技「鐵臂功」斷鋼柱堪稱「武林一絕」，被贊譽爲「鐵臂劉」。參加內蒙古民運會和全國武術大賽，榮獲傳統拳術及硬功絕技冠軍。

爲弘揚中國文化瑰寶，挖掘中華武術的神韻，探求傳統武術之內涵，先後在《拳擊與格鬥》《武當》《武魂》《武林》等雜誌上發表近百篇論文，已出版《防身制敵散打術》專著。

他在武林中辛勤耕耘，無私奉獻，培育了眾多弟子。曾作爲「特邀武術名家」出席全國武術賽會。身爲優秀教育工作者，被上級命名爲「內蒙古自治區先進班主任」和「市級優秀教師」等光榮稱號。其先進事蹟載於《武魂》《武當》及《名家風采》《中國當代武術辭典》《中國民間武術家名典》等書刊。

展出版社有限公司
品冠文化出版社
圖書目錄

地址：台北市北投區(石牌)　　　電話：(02)28236031
　　　致遠一路二段 12 巷 1 號　　　　　　28236033
郵撥：01669551＜大展＞　　　　　　　　28233123
　　　19346241＜品冠＞　　　　傳真：(02)28272069

・少 年 偵 探・品冠編號 66

1. 怪盜二十面相　　（精）　江戶川亂步著　特價 189 元
2. 少年偵探團　　　（精）　江戶川亂步著　特價 189 元
3. 妖怪博士　　　　（精）　江戶川亂步著　特價 189 元
4. 大金塊　　　　　（精）　江戶川亂步著　特價 230 元
5. 青銅魔人　　　　（精）　江戶川亂步著　特價 230 元
6. 地底魔術王　　　（精）　江戶川亂步著　特價 230 元
7. 透明怪人　　　　（精）　江戶川亂步著　特價 230 元
8. 怪人四十面相　　（精）　江戶川亂步著　特價 230 元
9. 宇宙怪人　　　　（精）　江戶川亂步著　特價 230 元
10. 恐怖的鐵塔王國　（精）　江戶川亂步著　特價 230 元
11. 灰色巨人　　　　（精）　江戶川亂步著　特價 230 元
12. 海底魔術師　　　（精）　江戶川亂步著　特價 230 元
13. 黃金豹　　　　　（精）　江戶川亂步著　特價 230 元
14. 魔法博士　　　　（精）　江戶川亂步著　特價 230 元
15. 馬戲怪人　　　　（精）　江戶川亂步著　特價 230 元
16. 魔人銅鑼　　　　（精）　江戶川亂步著　特價 230 元
17. 魔法人偶　　　　（精）　江戶川亂步著　特價 230 元
18. 奇面城的秘密　　（精）　江戶川亂步著　特價 230 元
19. 夜光人　　　　　（精）　江戶川亂步著　特價 230 元
20. 塔上的魔術師　　（精）　江戶川亂步著　特價 230 元
21. 鐵人Q　　　　　（精）　江戶川亂步著　特價 230 元
22. 假面恐怖王　　　（精）　江戶川亂步著　特價 230 元
23. 電人M　　　　　（精）　江戶川亂步著　特價 230 元
24. 二十面相的詛咒　（精）　江戶川亂步著　特價 230 元
25. 飛天二十面相　　（精）　江戶川亂步著　特價 230 元
26. 黃金怪獸　　　　（精）　江戶川亂步著　特價 230 元

・生 活 廣 場・品冠編號 61

1. 366 天誕生星　　　　　　　　李芳黛譯　280 元
2. 366 天誕生花與誕生石　　　　李芳黛譯　280 元
3. 科學命相　　　　　　　　　淺野八郎著　220 元
4. 已知的他界科學　　　　　　　陳蒼杰譯　220 元

・女醫師系列・品冠編號 62

・傳統民俗療法・品冠編號 63

・常見病藥膳調養叢書・品冠編號 631

3

・彩色圖解太極武術・ 大展編號 102

・國際武術競賽套路・ 大展編號 103

・簡化太極拳・ 大展編號 104

2.	楊式太極拳十三式	楊振鐸編著	200 元
3.	吳式太極拳十三式	李秉慈編著	200 元
4.	武式太極拳十三式	喬松茂編著	200 元
5.	孫式太極拳十三式	孫劍雲編著	200 元
6.	趙堡太極拳十三式	王海洲編著	200 元

・中國當代太極拳名家名著・大展編號 106

1.	李德印太極拳規範教程	李德印著	550 元
2.	王培生吳式太極拳詮真	王培生著	500 元
3.	喬松茂武式太極拳詮真	喬松茂著	450 元
4.	孫劍雲孫式太極拳詮真	孫劍雲著	350 元
5.	王海洲趙堡太極拳詮真	王海洲著	500 元
6.	鄭琛太極拳道詮真	鄭琛著	450 元

・名師出高徒・大展編號 111

1.	武術基本功與基本動作	劉玉萍編著	200 元
2.	長拳入門與精進	吳彬等著	220 元
3.	劍術刀術入門與精進	楊柏龍等著	220 元
4.	棍術、槍術入門與精進	邱丕相編著	220 元
5.	南拳入門與精進	朱瑞琪編著	220 元
6.	散手入門與精進	張山等著	220 元
7.	太極拳入門與精進	李德印編著	280 元
8.	太極推手入門與精進	田金龍編著	220 元

・實用武術技擊・大展編號 112

1.	實用自衛拳法	溫佐惠著	250 元
2.	搏擊術精選	陳清山等著	220 元
3.	秘傳防身絕技	程崑彬著	230 元
4.	振藩截拳道入門	陳琦平著	220 元
5.	實用擒拿法	韓建中著	220 元
6.	擒拿反擒拿 88 法	韓建中著	250 元
7.	武當秘門技擊術入門篇	高翔著	250 元
8.	武當秘門技擊術絕技篇	高翔著	250 元
9.	太極拳實用技擊法	武世俊著	220 元

・中國武術規定套路・大展編號 113

1.	螳螂拳	中國武術系列	300 元
2.	劈掛拳	規定套路編寫組	300 元
3.	八極拳	國家體育總局	250 元
4.	木蘭拳	國家體育總局	230 元

國家圖書館出版品預行編目資料

少林拳技擊入門／劉世君　編著
——初版，——臺北市，大展，2005〔民94〕
面；21公分，——（少林功夫；12）
ISBN 957-468-355-9（平裝）

1.少林拳

528.97　　　　　　　　　　　　　　93021989

北京人民體育出版社授權中文繁體字版

少林拳技擊入門

ISBN 957-468-355-9

編 著 者／劉世君
責任編輯／張建林
發 行 人／蔡森明
出 版 者／大展出版社有限公司
社　　　址／台北市北投區（石牌）致遠一路2段12巷1號
電　　　話／（02）28236031・28236033・28233123
傳　　　眞／（02）28272069
郵政劃撥／01669551
網　　　址／www.dah-jaan.com.tw
E－mail／serviec@dah-jaan.com.tw
登 記 證／局版臺業字第2171號
承 印 者／高星印刷品行
裝　　　訂／協億印製廠股份有限公司
排 版 者／弘益電腦排版有限公司
初版1刷／2005年（民94年）2月

定　價／220元

推理文學經典巨著，中文版正式授權

名偵探明智小五郎與怪盜的挑戰與鬥智
名偵探柯南、金田一都讚嘆不已

日本推理小說鼻祖—江戶川亂步

1894年10月21日出生於日本三重縣名張〈現在的名張市〉。本名平井太郎。
就讀於早稻田大學時就曾經閱讀許多英、美的推理小說。
畢業之後曾經任職於貿易公司，也曾經擔任舊書商、新聞記者等各種工作。
1923年4月，在『新青年』中發表「二錢銅幣」。
筆名江戶川亂步是根據推理小說的始祖艾德嘉·亞藍波而取的。
後來致力於創作許多推理小說。
1936年配合「少年俱樂部」的要求所寫的『怪盜二十面相』極受人歡迎，
陸續發表『少年偵探團』、『妖怪博士』共26集……等
適合少年、少女閱讀的作品。

1 ～ 3 集　定價300元　試閱特價189元